l'album de ma jeunesse

_____ Dans la même collection et des mêmes auteurs _____

L'Album de ma jeunesse 60-70
L'Album de ma jeunesse 70-80

À Marilù et Popeline

Les auteurs tiennent à remercier Michel Fenioux, témoin indéfectible de leurs aventures éditoriales, Maud Sinet et Jean-Pierre Bouyxou pour leur complicité permanente, Yves Adrien et Stéphane Molinier pour leur inestimable soutien, ainsi que Christian Eudeline, Romain Hannebert, Christian Marmonnier, François Jouffa, Paulette, Denis et Patricia Chollet, Suzanne Leroy, Madeleine et Claude Léger, Pierre-Charles Gallissot, et Alain Dister, qui ont bien voulu ouvrir leurs collections et contribuer à la réalisation de cet album. Et bien entendu Jean-Louis Festjens, Isabelle Lerein, Élodie Saracco, Florence de Bourgues, Raoul Dobremel et toute l'équipe des Éditions Hors Collection, sans lesquels cet ouvrage n'aurait pu voir le jour.

© Éditions Hors Collection, 2003.

Tous droits réservés pour tous pays.

ISBN : 2-258-06212-8
N° d'éditeur : 594

Conception graphique : Élodie Saracco.
Photographies d'objets © Raoul Dobremel

Retrouvez-nous sur Internet : **http://www.horscollection.com** (catalogue, informations, jeux, messagerie)

Armelle Leroy et Laurent Chollet

50 mon enfance 60 mon adolescence

l'album de ma jeunesse

	1955	1960	1965
SMIG	212 F	277 F	338 F
Baguette de pain	0,14 F	0,15 F	0,18 F
Journal quotidien	0,20 F	0,30 F	0,40 F
Place de cinéma	1 F	1,86 F	3,00 F
Litre de carburant (essence)	0,64 F	0,97 F	0,94 F
Téléviseurs en %	1	13,1	40,8

(Début 1950, il y a 3 974 postes de télé en France. La couleur apparaît le 1ᵉʳ octobre 1967.)

Intro

Enfants des années 50, enfants du baby-boom, nous connaissons le prix et la valeur des choses, et la notion de rareté caractérise notre quotidien dans cette France en pleine reconstruction. La « guerre froide » bat son plein, et la bipolarisation du monde s'immisce jusque dans nos cartables. Lecteurs de *Vaillant* ou de *Cœur vaillant*, nous mesurons déjà nos différences…

Tintin et Spirou, Lili et Aggie, Buck Danny et la Patrouille des castors, Biggles et Bob Morane disputent à Jules Verne et à la comtesse de Ségur la paternité de nos rêves. Le petit Rodolphe, la famille Duraton ou l'inimitable Zappy Max échappés de la lourde TSF du salon fédèrent encore petits et grands, un privilège que renouvellent la télévision, son unique chaîne en noir et blanc et ses premiers héros.

Les échos de la lointaine guerre d'Indochine laissent place aux « opérations de maintien de l'ordre » en Algérie auxquelles participe souvent un de nos frères ou cousins. L'expédition de Spoutnik et le voyage de Youri Gagarine nous maintiennent à distance rassurante de cette dure réalité même si nos illustrés et nos romans bon marché nous abreuvent de batailles dans l'espace.

L'émergence d'émissions de radio et de magazines « pour les jeunes », ainsi que d'une pléiade de chanteurs à peine plus âgés que leur public, imposent une culture fondée sur la musique, la danse et les codes vestimentaires. Du temps des copains à celui de la contestation, il n'y a qu'un pas vite franchi au cours des années 60. Les enfants du rock passent d'Elvis à Dylan et de Johnny à Antoine. La famille, l'autorité, la morale… en un mot, la société, se trouvent critiquées à la base. La politisation croissante de la jeunesse aiguise ce processus d'érosion. « Vivre sans temps morts, jouir sans entraves » devient un mot d'ordre ! Les événements du printemps 1968 marquent la fin des sixties et l'ouverture d'une ère nouvelle dont « expérience » devient le maître mot. Le général de Gaulle se retire. Au désespoir de nos aînés et pour notre plus grand soulagement, il faut bien se rendre à l'évidence, rien, non rien ne sera plus jamais comme avant… ∎

Design les grandes tendances
Le Salon de l'auto

▶ Renault Frégate.
© Rue des Archives/AGIP

LE SALON DE L'AUTO : UN RENDEZ-VOUS INCONTOURNABLE

L'engouement pour le Salon de l'auto au cours des années 50 ne cesse d'augmenter, jusqu'à atteindre son paroxysme, début 1960. Le public qui commence lentement à se remettre du marasme de l'après-guerre est au rendez-vous. La voiture, jusqu'ici réservée à une élite, devient tout à coup accessible. Elle se démocratise à tel point que beaucoup économisent pour ce fabuleux achat. Des familles entières se promènent et rêvent devant les modèles luxueux.

▼ Au Salon du camping et du caravaning au Parc des Expositions, porte de Versailles à Paris le 14 avril 1964, des visiteurs inspectent une caravane à deux roues. © Keystone-France

▶▶ Usine Renault de Boulogne-Billancourt sur l'île Seguin : ligne de finition de la gamme R4.
© Rue des Archives/AGIP

UNE MYRIADE DE NOUVELLES VOITURES

Les constructeurs se mettent à fabriquer les voitures en grande série et rivalisent d'ingéniosité. Des modèles inédits sont présentés sur les stands, et rencontrent un grand succès. C'est le cas pour la Coccinelle de Volkswagen, petite sœur de la fameuse VW30 imaginée par Ferdinand Porsche suivant un cahier des charges établi par Hitler. Ironie du sort, celui-ci souhaitait en faire « la voiture du peuple », elle deviendra dans cette deuxième partie du XXe siècle l'automobile la plus vendue au monde.

▶▶ Voitures sur la place de la Concorde en 1957 : au 1er plan une Citroën DS 19, derrière elle, une 2 CV, la Vedette : la Simca Versailles 57, la Renault Dauphine et la Peugeot 403.
© Rue des Archives/Tal

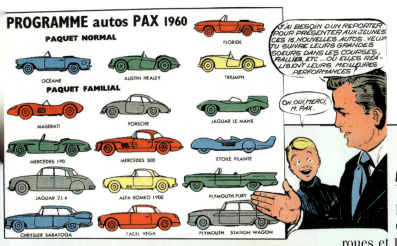

LA LIBERTÉ SUR ROUES !

En 1950, les voitures sont exposées au Grand Palais, tandis que les deux-roues et les véhicules utilitaires sont présentés porte de Versailles. Certains constructeurs organisent sur leur stand des animations et devant le succès rencontré, ils se voient très vite imités par tous leurs concurrents. Les Français ne parlent plus que de progrès techniques, d'amélioration du quotidien et de congés payés, c'est pourquoi en 1952, dans les sous-sols du Grand Palais, des caravanes se trouvent exposées pour la première fois. Partir en vacances n'est plus un fantasme, il suffit d'investir dans cette merveilleuse petite maison sur roues, et en avant vers l'aventure ! Le camping sauvage n'est ni interdit, ni dangereux, après les années noires, il concrétise la liberté retrouvée.

DES VISITEURS DE PLUS EN PLUS NOMBREUX

Le salon de 1955 va rester gravé dans les mémoires, il marque la fin d'une époque et le début d'une ère nouvelle pour l'industrie automobile définitivement tournée vers la modernité. Le nombre d'entrées dépasse les espérances des organisateurs : 1 037 000 visiteurs. Seule ombre au tableau, la disparition définitive, cette année-là, de plusieurs grands noms de l'histoire de l'automobile : Hotchkiss, Talbot, Delahaye, Delage et Salmson.

LES INNOVATIONS DE DEUX GÉANTS DE L'AUTOMOBILE

Citroën, lui, triomphe avec sa formidable DS 19, tout le monde se presse autour de cette incroyable voiture à la ligne aérodynamique. Sur le plan technique, elle se distingue par sa suspension hydropneumatique, sa direction hydrau-

▲ *Cette petite voiture au moteur de 375 cm³, à la suspension indépendante est entièrement décapotable. Elle devient le véhicule favori des jeunes qui la surnomment « la deux pattes » et connaît un succès commercial impressionnant avec 3,8 millions de modèles vendus.*
© Rue des Archives/AGIP

© Rue des Archives/AGIP

▼ *6 octobre 1955, présentation au Salon de l'auto de la DS 19.*
© Rue des Archives/AGIP

1950-1965 LA FLORIDE

La voiture devient l'emblème d'une nouvelle jeunesse, insouciante, passionnée par la fête dont les principaux représentants se nomment Johnny Hallyday, Françoise Sagan, Richard Antony ou Sacha Distel. Les paris les plus fous sont lancés comme remonter les Champs-Élysées ou le boulevard Saint-Germain à contresens et à toute allure.

C'est à partir de la Dauphine que la Régie Renault cherche à réaliser le prototype d'un modèle de cabriolet. En 1957, Pierre Dreyfus accrédite le projet lors d'un voyage en Floride et donne le nom de cet État à la future voiture. En 1958, au Salon de l'auto de Genève, la Floride est présentée pour la première fois et déchaîne l'enthousiasme. La même année, Renault présente sa dernière-née dans la gamme des voitures de luxe : la Caravelle. Les deux modèles sont équipés d'un moteur Sierra 956 cm³ et d'une boîte à quatre vitesses. Lors du salon de l'auto de 1963, les visiteurs se bousculent pour voir la Caravelle 1 100 en version coupé ou cabriolet, mais la Floride est absente : Renault a décidé de cesser sa fabrication. Sa durée de vie aura été celle d'une étoile filante, six ans à peine.

◄ *La Floride devient définitivement une star, en 1961, grâce à la ravissante Brigitte Bardot qui en est l'ambassadrice.* © Rue des Archives/AGIP

▼ *La nouvelle 404 Peugeot présentée au Pré Catelan le 9 mai 1960.* © Rue des Archives/AGIP

lique et son freinage à disques à l'avant. Sur son stand, Peugeot présente la 403, fruit de sa collaboration avec le carrossier italien Pininfarina, dont le moteur est proche de celui de la 203. La marque en vendra plus d'un million d'exemplaires.

Pour Renault, 1955 marque surtout une profonde mutation au sein de l'entreprise : Pierre Dreyfus est nommé P.-D.G. Il doit faire face à d'énormes problèmes sociaux alors que la Régie construit de plus en plus de voitures (1 000 Dauphine par jour). Dreyfus négocie avec les syndicats et peu de temps après son investiture, les congés payés passent à trois semaines. Renault se distingue très vite en offrant une stabilité d'emploi et une augmentation du pouvoir d'achat à ses ouvriers grâce à un système de primes.

DINKY TOYS REND LES RÊVES ACCESSIBLES

En 1957, le Salon de l'auto de Paris a le privilège de voir exposer pour la première fois en Europe une voiture japonaise, il s'agit de la Prince Skyline qui deviendra plus tard Nissan. Dès 1959, si les pères ne peuvent pas s'offrir les modèles récents, ils les acquièrent quand même en version miniature pour les offrir à leur fils grâce à la marque Dinky Toys qui fabrique, chaque année, les nouveautés du salon. Ainsi, au fur et à mesure, les étagères des petits garçons se garnissent de la Simca P 60 (1959), de la 404 Berline de Peugeot (1960) ou bien encore de la 4 L de chez Renault (1961).

UN DÉMÉNAGEMENT INDISPENSABLE

En 1962, les organisateurs se trouvent pris à leur propre piège, à force de présenter et de vendre des voitures, des embouteillages terribles se forment dans Paris et le salon est forcé de s'installer définitivement porte de Versailles. À partir de ce moment-là commencent des expositions thématiques et historiques.

TECHNIQUES ET DÉCOUVERTES

Si le salon de l'automobile cible la clientèle jeune et dans le vent comme Peugeot avec sa 204 version coupé ou cabriolet, il cherche surtout à séduire les pères de familles grâce aux qualités techniques de plus en plus développées. C'est d'ailleurs cette même 204 que le constructeur équipe d'un moteur à traction avant en 1965. D'ici à la fin de la décennie, tous ses concurrents, et cela dans le monde entier, optent également pour ce système. Les ingénieurs de chez Renault imaginent, eux, le hayon arrière pour la R 16 (1965) et le côté pratique n'échappe pas au grand public.

UN IMPRESSIONNANT PARC AUTOMOBILE

Les délais de livraison deviennent de moins en moins longs, et le prix des voitures d'occasion, jusqu'ici très élevé, s'effondre. Le parc automobile français ne cesse d'augmenter. Rien ne semble pouvoir perturber cette formidable expansion !

Norton « Jubiles » 250 cm³ de 1958.
© National Motor Museum

DES BLEUES SUR LES ROUTES

Les deux-roues vont avoir un rôle primordial dans l'économie de la France des années 50. Le pays meurtri et détruit par la guerre et les années d'occupation se voit obligé de reconstruire et de réorganiser son réseau ferroviaire et routier. Le marasme financier ne permet pas aux Français d'acquérir, tout de suite, une voiture. Beaucoup optent pour une mobylette de chez Peugeot – la fameuse « bleue » – ou pour un Vélosolex, au prix moins onéreux mais au moteur peu puissant (45 cm³). De nombreux ouvriers partent au petit jour sur leur deux-roues, la besace sur le côté avec leur gamelle à l'intérieur, réveillant au passage toute la ville avec les pétarades de leur moteur.

à la taille disproportionnée par rapport à la carrosserie, n'assurent pas une stabilité optimale et les casques légers voire l'absence totale de protection (elle n'est pas obligatoire) ont parfois des conséquences dramatiques. Cela ne représente pourtant pas un obstacle pour la jeunesse des années 60. Le moyen de locomotion essentiellement utilitaire des dix dernières années devient un objet de mode. Dorénavant, les parents possèdent presque tous une voiture, leurs enfants s'équipent en deux-roues.

L'ARRIVÉE DES DEUX-ROUES TRANSALPINS

De l'Italie va arriver un autre moyen de transport plus rapide qui connaît immédiatement un grand succès : le scooter de Vespa ou de Lambretta. Le moteur habituellement de 125 cm³ (comme celui du Lambretta C en 1951 ou de LD de 1954) peut monter jusqu'à 150 cc pour le Lambretta D de 1955 ou le LD de 1957 mais nécessite un permis.

UN INDISPENSABLE ACCESSOIRE DE MODE

À partir de la fin des années 50 des modèles moins puissants (50 cm³) apparaissent. Malheureusement, le scooter n'est pas sans danger. Les petites roues,

Les étudiants désargentés roulent avec snobisme en Solex, tandis que les virées en scooter sont du dernier chic. Les filles ne résistent pas au plaisir de chevaucher en amazone derrière leur copain, ou même toutes seules, ces engins. Les tenues s'assortissent, foulards fluides pour protéger la coiffure, et naturellement le pantalon devenu indispensable. ■

◀◀ *Peugeot BB 3 T, 50 cm³.*

▲ *Grâce au Solex, dès quatorze ans, l'adolescent peut être motorisé sans grand danger car le moteur est peu puissant.*

▼ *Peugeot allie technique et esthétisme pour conquérir le marché des jeunes.*

▲ *Le 13 novembre 1954, nouvel équipement pour scooter.* © Rue des Archives/AGIP

Design *les grandes tendances*
Le Salon des arts ménagers

Grâce au miraculeux appareil de chez Tornado, les femmes s'acquittent maintenant rapidement des tâches ménagères, à elles la liberté !

Machine à laver « Sirem ».

LES FEMMES AUX COMMANDES

Durant la Seconde Guerre mondiale, la quantité de femmes-soldats est dérisoire voire nulle, seules les infirmières ou les cantinières sont tolérées. Mais les maris étant au front ou prisonniers, le pays doit continuer à fonctionner, et tout naturellement, les femmes prennent les commandes. Le retour à la vie civile est parfois douloureux, les hommes souhaitent conserver leur autorité mais leurs épouses tiennent à garder une certaine indépendance. Le 29 avril 1945, elles gagnent leur premier grand combat en obtenant le droit de voter, et en 1946, le principe de l'égalité entre les femmes et les hommes dans tous les domaines est enfin posé.

DES PROGRÈS TECHNIQUES « LIBÉRATEURS »

Une loi instaure la fête des Mères en 1950, cela paraît bien anodin à côté des autres réformes, mais pour la première fois, on considère qu'être maman est un rôle à part entière qui mérite le respect. Ce sera l'occasion, la plupart du temps, d'offrir à la mère de famille les premiers appareils électroménagers. Certes, la femme semble à nouveau s'enferrer dans des tâches domestiques qu'elle seule doit mener à bien, mais les progrès techniques et l'invention ou la commercialisation de certains produits vont transformer la vie de la ménagère des années 50. Le ton est donné, les femmes ne sont plus seulement des fées du logis, elles ont le droit de faire autre chose.

CHANGER LA VIE GRÂCE AU SALON DES ARTS MÉNAGERS

Ce n'est pas un hasard si le salon a lieu au printemps, un peu avant la fameuse fête des Mères. La sortie sera familiale, car le père et les enfants prennent très au sérieux le choix du cadeau idéal. Une fois que l'on a choisi le robot ou l'aspirateur dernier cri, les parents passent à des activités beaucoup plus sérieuses. Il s'agit maintenant d'arpenter les allées pour découvrir le futur aménagement de leur maison. En milieu urbain, beaucoup vivent dans un appartement et faute de cave ou de grenier, il faut aménager la cuisine avec des séries de placards adaptés à tous les besoins. L'époque est aux grands projets, presque tous les Français se chauffent et cuisinent au charbon, et seulement 4 % d'entre eux, en 1952, vivent dans des logements munis de tout le confort : eau, gaz, électricité, salle de bains ou douches. Seul Paris est à la pointe de la modernité avec 15 % de logements équipés. Le simple fait d'avoir un cabinet de toilette avec un lavabo représente déjà un luxe incroyable. Cette année-là, le magazine *Elle* lance une grande enquête au moment du Salon des arts ménagers et arrive aux conclusions suivantes : 50 % des femmes veulent un bloc-cuisine, 75 % désirent un appareil à douche et... 100 % rêvent de la merveilleuse invention de l'année : une machine à laver automatique !

Au Salon des arts ménagers de 1956, les visiteurs s'enthousiasment devant les machines à laver.
© Rue des Archives/AGIP

▶◀ *Février 1950, au 19ᵉ Salon des arts ménagers, au Grand Palais à Paris, une démonstratrice présente un réfrigérateur de marque Frigidaire qui maintient la fraîcheur des provisions.*
© L'illustration/Keystone-France

Les réfrigérateurs, eux, font rêver toute la famille, et si le système a été inventé, en 1913 aux États-Unis par la marque Frigidaire, leur commercialisation réelle auprès du grand public a lieu au cours des années 50.

très vite, d'un grand nombre d'accessoires absolument inutiles qui finissent bien souvent au fond d'un placard ! Le gaz est installé un peu partout, l'eau courante et l'électricité également, et les familles ont accès au confort tant convoité. La société de consommation s'impose définitivement à la fin des années 60, et avec elle disparaît la magie du Salon des arts ménagers. On achète dorénavant un appareil par pure nécessité, il est impensable de se passer d'une machine à laver ou d'un réfrigérateur. Les visiteurs ont perdu à jamais le regard d'enfants émerveillés qu'ils posaient en 1950 sur des inventions qui semblaient souvent sorties de l'imagination d'un savant Cosinus plutôt que du laboratoire d'une multinationale. ∎

LE CONFORT QUOTIDIEN

Au fil des ans, le pouvoir d'achat des Français ne cesse d'augmenter et les cuisines s'équipent de tout l'appareillage indispensable, puis

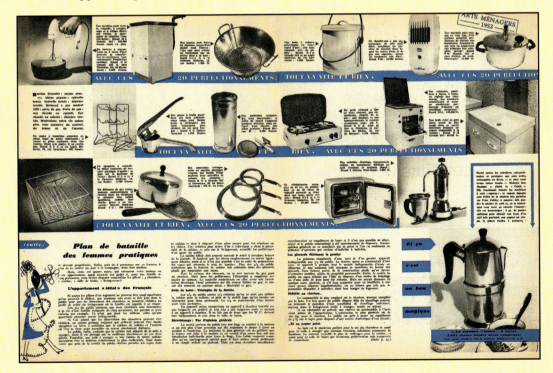

▲ *Des appareils ménagers de toutes sortes trouvent maintenant leur place dans les cuisines.*

▼ *Un batteur Luxe à fouets éjectables pour la mayonnaise, un presse-fruits et un hachoir électrique Moulinex présentés le 23 février 1959 au Salon des arts ménagers.* © Rue des Archives/AGIP

1950 La chambre

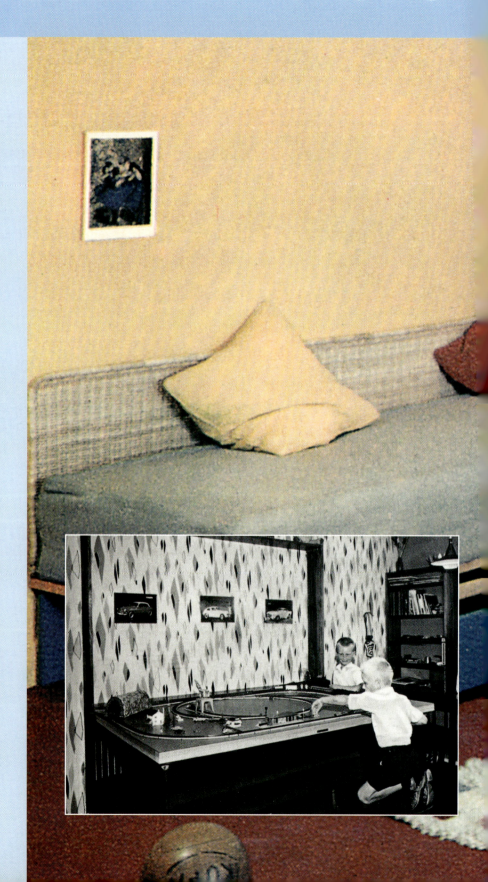

DES LOGEMENTS INSALUBRES

Les bombardements de la guerre, la reconstruction qui débute à peine, des logements très souvent insalubres, rien ne semble faciliter le travail des ménagères. En milieu rural, la place souvent ne manque pas, la vie se poursuit dans la continuité, la maison est la mémoire des familles, et les enfants, même s'ils dorment à plusieurs dans une chambre, peuvent dans un coin du grenier ou dans le cabanon du jardin recréer leur propre univers magique, loin des adultes.
En ville, le problème semble plus dramatique. En 1954, 25 % des ménages vivent dans un logement construit il y a moins de vingt-cinq ans. Les autres habitent dans des appartements vétustes, souvent situés au centre-ville. Seuls un peu plus de la moitié des Français ont de l'eau courante, froide bien sûr, l'eau chaude au robinet n'existe quasiment pas. Quant au confort suprême, celui de posséder des WC chez soi, 28 % de bienheureux le connaissent.

UNE CHAMBRE À PARTAGER

Pour une famille de quatre enfants, une moyenne raisonnable en ces années, vivre dans un trois pièces-cuisine est très courant. Le petit dernier dort dans la chambre des parents, les trois plus grands se partagent la dernière pièce. Lorsque la fratrie est mixte, les adultes échafaudent mille combinaisons pour pouvoir séparer garçons et filles à partir de l'adolescence, mais l'heure est à la reconstruction et à la relance économique, et des projets de déménagement occupent l'essentiel des conversations. Dans la chambre des enfants, on trouve peu de choses accrochées sur les murs. Le papier peint à fleurs ou à rayures choisi par les parents, est à leurs dires une décoration amplement suffisante. Lorsque la famille est d'obédience catholique, un crucifix pend à un clou et les petites filles ont droit à une image de la vierge. Une vitrine protège de la poussière les voitures Dinky Toys et les poupées Peynet. Une grande armoire, seul témoin d'un proche passé rural, contient une partie du linge de maison, les tabliers et les chandails, ainsi qu'une tenue de rechange pour chacun. Dans la penderie, bien protégés des mites dans des housses de tissu à l'odeur écœurante de naphtaline, pendent les vêtements du dimanche. Les lits étroits et les tables de chevet occupent le peu de place restante, et ne permettent pas de jouer à l'intérieur de la chambre. De toute façon, il est interdit d'y pénétrer dans la journée. Sous les lits, se cachent les patins à roulette en fer et quelques illustrés. Au milieu du couvre-lit, tiré « au carré », trône un ours en peluche, ou une poupée soigneusement habillée.

d'un enfant

LES ENNUYEUSES JOURNÉES DE PLUIE

Le royaume des enfants reste le petit square, sauf s'ils ont la chance d'habiter tout près d'un parc. Mais les jours de pluie, il faut se résigner et rester à la maison. Dans le salon-salle à manger, on apporte le tableau coincé derrière l'armoire, pour jouer à la maîtresse avec ses poupées. Les plus grands écoutent une émission à la radio, les billes sont formellement interdites car les voisins se plaignent du bruit, les garçons se contentent de faire rouler leurs petites voitures sous les fauteuils. Les après-midis paraissent bien longues. On entend le bébé de l'appartement d'à côté pleurer, et des effluves entêtants proviennent de la cuisine. La soupe aux poireaux du soir bout dans la nouvelle cocotte-minute. Les devoirs se font sur la table, pendant que la mère de famille repasse avec son fer électrique du dernier cri.

▲ La lessive Bonux et ses mille et une surprises !

1960 La chambre

RECONSTRUCTION ET MODERNITÉ

Tout autour des villes, des quartiers entiers se bâtissent. Certains, très résidentiels, voient pousser des petits pavillons individuels, tandis qu'un peu plus loin, des tours modernes, équipées de « tout le confort », s'élèvent fièrement. La place est toujours comptée, mais la répartition de l'espace change radicalement. Une salle de bains, au moins équipée d'une douche, des WC modernes, une cuisine avec un réfrigérateur et dans 22 % des cas, un téléviseur !
De plus en plus, l'enfant occupe une place de choix au sein de la cellule familiale, son confort et son bonheur deviennent primordiaux. Les chambres, souvent très petites, sont aménagées avec des lits superposés ou gigognes afin que les plus jeunes puissent jouer dans leur domaine et les adolescents héritent, dans la mesure du possible, d'une pièce individuelle.

UN PETIT COIN À SOI

Elle se meuble d'un lit une place au couvre-lit assorti aux doubles rideaux, d'un placard étroit pour des vêtements de plus en plus nombreux, et surtout d'un bureau équipé de tiroirs et d'une étagère pour les livres. Tout doit être réuni pour que l'élève, fille ou garçon, réussisse ses études, nul sacrifice ne paraît assez grand. Les classiques, de *L'Iliade et L'Odyssée* à Molière, se font petits sur le rayonnage, coincés par des bandes dessinées et quelques souvenirs de vacances. Un assortiment de stylos, dont un à pompe, est rangé soigneusement, il ne faut rien égarer, les fournitures scolaires coûtent très cher.

LES IDOLES ÉPINGLÉES

Au mur, sur le papier peint souvent choisi par le jeune lui-même, est épinglé délicatement un poster de Johnny Hallyday, de Sylvie Vartan ou de Françoise Hardy. Chez les garçons, une guitare se trouve souvent accrochée juste à côté des idoles. Dès qu'il sort de cours, l'adolescent se met à la « gratter », en fredonnant les derniers tubes à la mode. Il ne connaît pas le solfège, mais il a lu dans *Salut les copains* que la plupart des chanteurs yé-yé étaient dans son cas. Il espère, au fond de lui, pouvoir un jour tenter sa chance, il trouve cela bien plus palpitant que l'ennuyeuse carrière de fonctionnaire dont rêvent pour lui ses parents.

© Photothèque J.-L. Rancurel

d'un adolescent

LE TEPPAZ : UN PRÉCIEUX TRÉSOR

D'ailleurs, son seul bien précieux trône sur l'étagère, bien en hauteur, loin des petites mains de ses frères et sœurs : un Teppaz, objet de toutes ses convoitises et de tous ses sacrifices. Il s'est privé de cadeaux d'anniversaire afin que ses parents puissent réunir la somme nécessaire et lui offrir à Noël ce présent unique. Depuis, il économise sou par sou son argent de poche pour pouvoir s'acheter des 45 tours. Parfois, il échange pour quelques heures avec un copain le dernier « tube » contre un autre disque, mais il vit alors dans la peur, son précieux prêt ne va-t-il pas revenir rayé ?

▲ **Sa chambre** Jonglant entre classicisme et modernité, les chambres des adolescents des années 60 ressemblent à leurs occupants.

Design *le salon d'une famille dans les années 50*

▶▶ *Salon-salle à manger en France vers 1959 : on y remarque des meubles bon marché qui prennent le moins de place possible.* © Keystone-France

UNE MODERNITÉ TRIOMPHANTE

Moderne. Nos parents n'avaient que ce mot à la bouche. Se débarrasser des meubles rustiques hérités du côté maternel, et du salon art déco « offert » par nos grands-parents paternels, semblait les obséder. De luxueux numéros d'*Art et décoration* trônaient sur la table basse du salon. À longueur

des biens convoités nous laissait songeur. Certes, nous allions traverser à la vitesse du mur du son la barrière temporelle qui séparait le mode de vie de notre milieu, à nos yeux gravement « arriéré », de l'époque à laquelle nous souhaitions appartenir sans réserve. Dans le même temps, il ne s'agissait somme toute que de rejoindre la « banalité quotidienne » des héros de notre enfance.

de page, de nombreuses photos – parfois en couleur ! – vantaient l'esthétique de formes audacieuses et le mariage innovant de matériaux comme le fer forgé et le bois clair.

LE MOBILIER SPIROU

Entre nous, frères et sœurs, il nous arrivait souvent d'écouter avec un certain amusement les polémiques de nos parents sur le choix de notre futur salon. L'aspect « révolutionnaire »

Spirou et Fantasio comme Modeste et Pompon évoluaient depuis longtemps dans des décors analogues.

MON ONCLE

À mesure que les discussions et les visites chez les revendeurs de meubles ponctuaient nos samedis après-midi, nous prenions conscience de notre « chance ». Dans la famille « moderne », je demande l'oncle. Nos parents

Un meuble d'appui s'escamotant horizontalement et s'encastrant sous une petite bibliothèque. Il s'abaisse le soir et reste maintenu à bonne hauteur du sol par des pieds repliés dans le jour ; Stand n° 5, Salle Sud ; avec bibliothèque : 53.500 francs.

Des tables gigognes emboîtables, en chêne à dessus de verre. Elles ont été spécialement prévues pour supporter des plantes vertes, des cactus, des fleurs ; mais elles peuvent aussi servir à tout autre usage ; Stand 49, Foyer d'Aujourd'hui : 11.000 francs les deux.

Une banquette-lit comportant un dossier qui s'abat pour le soir et permet ainsi d'asseoir un fil à deux personnes. La literie peut, dans la journée, être laissée à l'intérieur du lit. Stand n° 1, Galerie Sud. Ameublement ; sans matelas : 36.000 francs.

Une table transformable, basse au départ (0 m. 57) s'élevant à hauteur normale (0 m. 75) pour permettre de prendre les repas. Le plateau-portefeuille s'ouvre et peut, gardant une grande stabilité, supporter 6 couverts ; Stand n° 5, Salle Sud : 23.750 francs.

Une armoire en chêne permettant de gagner une place importante par sa capacité de rangement. Les tiroirs et tablettes intérieurs sont entièrement amovibles et montés sur crémaillère permettant de les disposer à hauteur désirée. Stand n° 5, Salle Sud : 67.500 fr.

Des fauteuils pliants, chêne ciré naturel, dossier inclinable suivant 4 positions différentes. Les coussins sont indéformables en housse mobile en croisé coton solide à la lumière et se lavant parfaitement. Stand Section Formes Utiles, Grande Nef : 12.850 fr.

◀◀ *Confort et modernité, les maîtres mots de ces années.*

souhaitaient nous faire profiter du « confort » et des avantages d'une évolution des modes de vie, disponible à tempérament. Hostile aux changements, l'un de nos oncles, sorti tout droit du film homonyme de Jacques Tati, leur opposait la fidélité au patrimoine familial et ne manquait jamais de conspuer le « mauvais goût » des nouvelles tendances.

UN LIVING À L'AMÉRICAINE

Au fil des ans, les acquisitions remodelaient notre pièce principale. Un grand buffet laqué, plein d'étagères, de niches, de portes, et pourvu en plus d'une vitrine éclairée, délogea le meuble « campagnard » honni. Des fauteuils en bois et en acier se substituèrent aux vieux sièges en cuir, et une table en verre ne fit regretter à personne son ancêtre des années 20.

Ultime « besoin », un poste de télévision nous apporta le spectacle à domicile. L'image était petite et en noir et blanc, mais pour un volume comparable à celui de l'ancienne TSF, il démontrait, selon nos critères, l'existence de la notion de progrès dont nous parlaient les maîtres à longueur de journée. Notre salon ressemblait, de plus en plus, à ces « livings » aperçus dans maints films américains. La société de consommation nous séduisait encore... ■

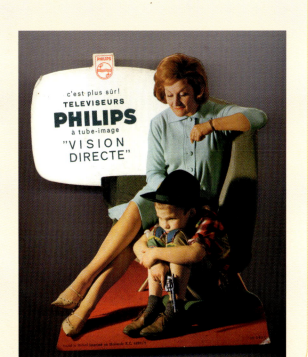

▲ *Ribet Desjardins, Philips, Ducretet-Thomson, Radiola ou Radialva se partagent le marché naissant des postes de télévision.*

1950 La classe

ATTENTION À LA CLOCHE !

Le maître d'école sort sur le perron, son regard perçant scrute l'horizon à la recherche de quelque retardataire, sa main cherche pendant ce temps le cordon de la cloche. Il se met à secouer avec vigueur la corde rugueuse. Un galop effréné de lourds souliers ferrés retentit, les pèlerines mal attachées se métamorphosent en capes de Zorro et claquent au vent. Riant et se bousculant, une poignée de galopins pénètrent dans la cour de l'école des garçons. L'instituteur observe les retardataires, « toujours les mêmes » marmonne-t-il, tandis que devant lui, les bons élèves se tiennent déjà en rang. Les enfants regagnent le couloir dans un ordre parfait, deux par deux. Devant son porte-manteau, chaque élève retire sa pèlerine, son béret et enfonce ses moufles de laine dans ses poches. Toujours en silence, les gamins entrent dans la classe, debout, bien droit devant leur pupitre de bois, ils attendent l'ordre du maître. Celui-ci se décide enfin : « Asseyez-vous ! » crie-t-il, « et sortez vos cahiers de dictées. » Quelques soupirs, mais la règle s'abat sèchement plusieurs fois sur le bureau, « et en silence ! »

UNE DICTÉE AGITÉE

Le livre à la main, l'instituteur répète plusieurs fois la phrase. Les premiers de la classe restent le porte-plume en l'air, la bouche entrouverte, les yeux arrondis de surprise par le retard des autres, ils suivent, eux, et le maître doit le savoir. Complice, celui-ci leur sourit en passant, mais ses sourcils se froncent à nouveau à la vue d'un cancre qui secoue dans le dos d'un autre sa plume à l'encre dégoulinante. Les voisins s'esclaffent, mais la main de l'instituteur agrippe l'oreille de l'écolier coupable, tandis que sa victime pleurniche, son beau tablier est gâté ! Le piquet ne paraît pas une punition assez douce, le bonnet d'âne est bien plus terrible. Il lui faudra traverser chaque classe, ainsi chapeauté, et pire peut-être, se rendre dans la cour, au risque d'être aperçu par les filles.

▲ **Au travail** Pour être un bon écolier, il ne suffit pas d'avoir du matériel de qualité, il faut également être en pleine forme physique. Le chocolat ou la banane aident à vaincre les coups de barre...

d'un enfant

LES FILLES

Sous le préau, les petites filles entourent la maîtresse. Elles aiment rester avec elle, même pendant la récréation. Il faut avouer qu'elle est bien gentille, et jolie comme tout avec son tablier à fleurs et ses cheveux blonds retenus en chignon. Elle pourrait presque être leur grande sœur. L'institutrice a fait de sa classe une pièce où l'on se sent bien. Grâce à elle, l'école n'est plus une corvée mais un plaisir. De grands panneaux en couleur égaient les murs : des planches de botanique, des cartes et un abécédaire. Un coin est occupé par une maison de poupée, une dînette en bois, et des « baigneurs » en celluloïd. En face se trouve toute une bibliothèque, grande fierté de la maîtresse. À côté des *Martine* et des *Caroline*, les petites filles peuvent trouver des volumes du *Club des cinq*, ou *20 000 lieues sous les mers*. « Ne croyez pas que la lecture de certains ouvrages est réservée aux garçons », a-t-elle expliqué à sa classe. « Vous devez lire le plus possible, ainsi vous progresserez et vous pourrez plus tard poursuivre des études ». « Maintenant les femmes, aussi, peuvent avoir accès à toutes sortes de métier. Être une bonne mère de famille c'est bien, mais avoir un travail sérieux donne la possibilité de s'épanouir. » Les fillettes la regardent avec admiration. Oh ! oui, elles vont bien travailler, pour devenir maîtresse plus tard, comme elle !

DES DEVOIRS OBLIGATOIRES

Tous les matins, les enfants se rendent à l'école en portant une lourde sacoche, en cuir pour les plus fortunés, en carton bouilli pour les autres. À l'intérieur se trouvent les cahiers, le livre de lecture, le manuel de mathématiques, un plumier de bois, contenant des crayons de papier, une plume et un porte-plume. Le maître a interdit les petits flacons d'encre, ils finissent toujours par se renverser, et la catastrophe est la plupart du temps irréparable, les cahiers sont gâchés et les livres inutilisables. Et les livres sont chers ! Le soir, à 16 h 30, et le jeudi après-midi, jour de congé, il ne faut pas oublier de faire ses devoirs, et souvent, il y en a beaucoup : leçons à apprendre, carte de géographie à recopier et à colorier, lectures, rédactions, sans compter les tables de multiplication qu'il faut savoir par cœur. Les mauvais élèves se voient rajouter régulièrement des pages entières de lignes, de verbes à conjuguer. Mais chacun trouve un moment pour jouer aux billes ou faire une partie de saute-mouton.

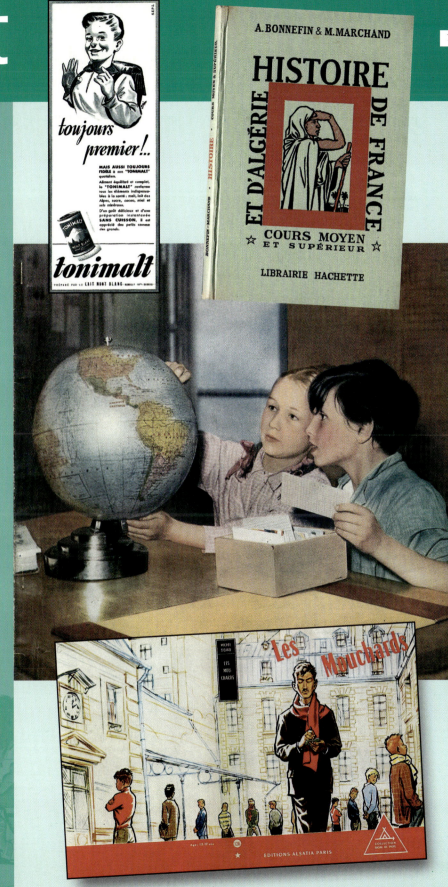

▲ **Discipline** Dans les années 50, on ne badine pas avec la discipline. Punitions et brimades sont le lot quotidien des élèves récalcitrants.

1960 La classe

« SOIS JEUNE ET TAIS-TOI ! »

Des mois que l'on attendait cela. Du jour au lendemain, nous pouvions exprimer notre révolte, contester l'autorité de nos maîtres et de la direction de l'établissement comme nous rejetions celle de nos pères et, au-delà, de la société entière.
« Quand c'est insupportable, on ne supporte plus. » Forts de cette belle et péremptoire affirmation, nous nous sentions pousser des ailes, prêts à affronter tous les ennemis et toutes les résistances possibles.
« Fais pas ci fais pas ça », depuis l'enfance les recommandations et les invectives rythmaient le quotidien. Filles ou garçons, nous recevions notre lot d'interdits et de limites. Les collèges et lycées, laïques et républicains, respectaient ce schéma familial en reproduisant l'autorité paternelle, renforcée au besoin à coups de règle en fer et de brimades diverses et variées.

« LA VRAIE VIE EST AILLEURS »

« Ne dites plus bonjour papa, bonjour maman, bonjour monsieur le maître..., mais crève salope ! » « Crève salope », la formule allait faire florès, et le succès de sa violence verbale reflétait bien, en creux, la profondeur du malaise de la jeunesse.
Des Comités d'action lycées (CAL) formés sur le modèle de l'organisation mise en place dans les célèbres « casernes » de la capitale durent, ainsi, souvent faire face à un vaste élan potache et libertaire. De l'air. « La vraie vie est ailleurs » disait le poète. Rimbaud restait assurément plus subversif que ne l'affirmaient nos manuels scolaires.

« LE FOND DE L'AIR EST ROUGE »

En ce joli mois de mai, dans nos collèges et lycées, un vent de liberté emportait loin, très loin, les règlements et leurs lois. Engoncés dans nos tenues vestimentaires encore strictes, nous ne mesurions pas le chemin à accomplir avant que nos apparences soient conformes avec nos idées... Idées, faut-il l'avouer, des plus balbutiantes. « Changer tout, tout de suite. » La perspective avait de quoi séduire. Dans le détail, la candeur de l'adolescence ne tardait pas à affleurer. Une poignée d'aînés politisés semblait, elle, investie d'une haute mission, ne ménageait pas sa peine et courait d'une salle de classe à une autre et de bahut en bahut pour porter la « bonne parole »...

▲ **Leçon** On enseigne aux élèves le nouveau franc après sa mise en circulation le 1ᵉʳ janvier 1960 en France. © Keystone-France

▲ **Rentrée** Le 20 septembre 1965, les jeunes lycéens attendent l'heure d'ouverture du lycée Condorcet à Paris le jour de la rentrée scolaire. Ce jour-là, 2 590 000 élèves de lycée et collège prennent le chemin de l'école.
© Keystone-France

d'un adolescent

« LES CAHIERS AU FEU... »

▼ ▲ **Photo de classe.** Entre 1967 et 1969, un vent de liberté a soufflé dans les lycées !

Du jour au lendemain, une initiation accélérée aux subtilités du trotskysme, du maoïsme, de l'anarchisme ou du situationnisme s'offrait à nous à l'aune du passage de ces « partisans » au sein de mémorables « assemblées générales »... Courants et tendances diverses trouvaient dans ces « happenings » un théâtre d'expression collective où chacun tentait de se faire remarquer, même, il faut bien l'avouer, si l'exercice profitait surtout aux « forts en gueule »... Prendre la parole en public, déclarer, pour ne pas dire déclamer, ses opinions et ses désirs. Rien, non vraiment rien ne nous avait préparés à cette catharsis. Fils de bourgeois ou fils de prolo, né sous la tutelle du petit Jésus ou de celle du « camarade Staline », nous devions jusque-là réciter une catéchèse et se taire le reste du temps dans l'attente que l'on nous demande notre avis. Séduisantes et enivrantes, la liberté, les libertés, nous aimantaient... Inconscients et insouciants, nous ne demandions qu'à nous jeter dans leurs bras au risque de s'abonner – pour un temps – aux zéros de conduite.

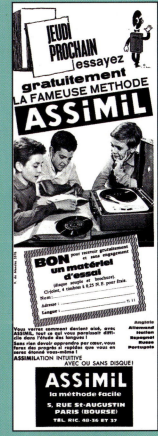

▶▶ Design *les grandes tendances*
Confiseries et boissons

> Sur le plan alimentaire, les années 50 se trouvent coincées entre deux époques : celle de la guerre où les carences s'ajoutent à la frustration de sucre devenu une denrée rare, et celle des années 70 déjà éprises de nourriture bio et de diététique.

DES RONDEURS RASSURANTES

Pour beaucoup de mères, avoir un enfant rondelet est souvent un symptôme de bonne santé. Elles suivent les conseils des magazines et cuisinent une nourriture riche en matières grasses, usent et abusent des produits laitiers, réputés bénéfiques pour les os. Les jeunes filles veulent posséder une « taille de guêpe », elles se compriment le ventre, mais ne réfutent pas le fait d'avoir des formes, leurs modèles s'appellent Brigitte Bardot ou Gina Lollobrigida !

UN CORPS SANS CONDITIONNEMENT

D'ailleurs, elles rêvent surtout d'être chanteuses ou actrices, la notion de top model n'existe pas encore et les mannequins sont là uniquement pour mettre en valeur les tenues des couturiers. Si certaines d'entre elles sont connues, elles n'ont pratiquement jamais le statut de star. Il faut attendre les années 60 et Twiggy pour que le phénomène naisse. Les adolescentes ne cherchent pas à les imiter et l'anorexie reste une maladie très rare.

UNE CUISINE NATURELLE FAMILIALE

L'obésité aussi d'ailleurs, car si les mères ont tendance à donner des mets un peu trop abondants, elles cuisinent beaucoup, les surgelés n'existent pas, la conserve reste exceptionnelle, et leur bon sens leur fait équilibrer leurs plats et leurs viandes par des légumes et des fruits frais. Les enfants par ailleurs se dépensent physiquement beaucoup, et si le goûter demeure une tradition incontournable, ils n'ont pas encore en ces années l'habitude de grignoter sans fin devant le petit écran.

DES GOÛTERS FRUGAUX

La banane sert de quatre heures, combien d'enfants gardent le souvenir de bananes noircies et écrasées au fond du sac à dos ou du cartable ? La pomme juteuse se décline en rouge, jaune ou gris et a l'avantage de ne pas se transformer en bouillie peu appétissante, quant à l'orange, elle passe pour un luxe réservé aux fêtes de fin d'année. Une barre de chocolat et un morceau de pain améliorent le quotidien, les pâtisseries apparaissent sur les tables le dimanche uniquement.

la banane

C'est l'aliment de choix pour devenir UN ENFANT FORT

D'ALLÉCHANTES LECTURES

La nourriture reste au cœur des préoccupations, il suffit pour cela de lire les livres pour enfants de l'époque : les goûters et les repas sont décrits longuement. Pas un livre d'Enid Blyton sans son lot de pique-niques et de déjeuners gargantuesques. Les épicières ou les fermières rencontrées par les Cinq au cours de leurs aventures, à l'image de Maria, la cuisinière des Dorsel, sont toutes rondelettes, extrêmement sympathiques et... cuisinent formidablement bien ! Les deux termes semblent toujours liés l'un à l'autre. On peut envisager qu'Enid Blyton avait souffert pendant la guerre ou durant son enfance de privations, mais elle était peut-être tout simplement gourmande, et aimait les plaisirs de la table.

LA COURSE AUX BONBECS

La principale convoitise des enfants reste le bonbon. Ce ne sont plus de simples caramels roussis sur la cuisinière, les sucreries se vendent dans les épiceries à la grande joie des bambins. Pour quelques piécettes, ils se remplissent les poches de délicieuses confiseries. Le chewing-gum apporté par les Américains à la Libération ne perd pas son statut de star, bien au contraire, en mâcher un vous transforme immédiatement en acteur hollywoodien, vous permet de jouer les durs devant les copains ou les désinvoltes devant les filles.

LE GOÛT DE L'AMÉRIQUE

Venu également de l'autre côté de l'Atlantique, le Coca-Cola devient la boisson fétiche de tous les jeunes et des ados en particulier. Un grand nombre de parents critiquent sévèrement cette boisson au goût étrange. Ils ne comprennent pas l'engouement de leurs enfants pour un liquide chimique, donc forcément toxique ! Ils préfèrent acheter aux plus jeunes des boissons « bien françaises », du Pschitt ou de la bonne vieille limonade artisanale, pourtant guère plus nature ! Restent alors les sirops, et surtout la citronnade et l'orangeade, que les enfants se fabriquent eux-mêmes en pressant dans de l'eau des agrumes et en rajoutant un peu de sucre.

L'ART DU GRIGNOTAGE

Les jeunes, quels que soient leur classe sociale ou leurs moyens, découvrent le plaisir des sucreries, grignoter des bonbons ou siroter des boissons gazéifiées est un acte ludique, convivial, qui se pratique essentiellement en bande. C'est devenu un phénomène de mode et peu s'inquiètent encore des effets néfastes du sucre sur les dents et la santé en général. ■

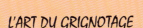

Jeux et jouets
Le noël d'une fille dans les années 50

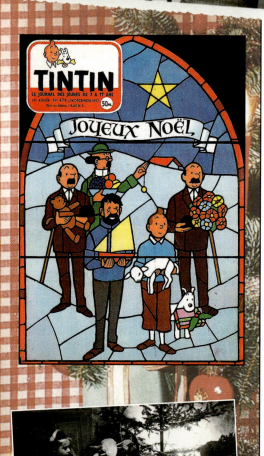

PETITE FILLE, PETITE FEMME

Maman a cousu pour elle et ses deux filles d'élégantes tenues pour ce soir de fête. Quand la famille entière revient de la messe de minuit, un feu brûle dans la cheminée, la table est mise avec la belle vaisselle en porcelaine, les couverts en argent et les coupes en cristal. Les enfants se précipitent pour voir si le petit Jésus a bien regagné sa place, entre l'âne et le bœuf, dans la crèche.

Papa s'approche du sapin et allume une à une toutes les bougies. Grand-père, pendant ce temps, enflamme une écorce d'orange fraîchement épluchée. L'odeur de la résine du conifère se mélange à celles de la cire et de l'agrume. La maison embaume, mais les nez picotent !

DES TRÉSORS DE PATIENCE...

Commence alors la longue et insupportable attente pour les enfants... Pendant leur absence, le père Noël est passé et a disposé autour du sapin de beaux paquets enrubannés, mais comme chaque année, maman a déclaré que sa dinde ne pouvait pas attendre. Quelle torture ! Les adultes parlent, rient, mangent avec appétit. Les enfants s'agitent, chipotent les plats et étouffent des bâillements. La grosse horloge égrène les heures : minuit et demi, une heure... Les yeux rougissent, les petites jambes rythment le temps, mais l'excitation triomphe du sommeil. Soudain, les parents sourient, ils se lèvent, maman tape dans les mains et papa déclare : « Si nous allions voir si le père Noël nous a gâtés ? » C'est la ruée, la course folle. En un seul galop, les enfants se précipitent, mais s'arrêtent d'un coup, intimidés ! Sont-ils vraiment pour eux ces beaux paquets ?

UNE POUPÉE TRÈS SAGE

Bien installée sur les genoux de sa mère, la petite Martine blottit sa tête contre l'épaule maternelle. L'heure tardive, les émotions, la tête lui tourne un peu. Elle se met à sucer son pouce. Maman lui prend doucement la main, et l'aide à ouvrir ses paquets : une magnifique poupée aux cheveux peints, à la robe rouge et aux petits escarpins vernis, un moulin à café avec une manivelle qui tourne vraiment comme celui de la cuisine, une poupée en carton avec ses habits de papier à découper, un album de coloriage et des bonbons en sucre rose. Quelques minutes plus tard, la fillette s'endort en serrant contre elle sa « fille ». Papa les soulève et les couche. Demain, elle redécouvrira, émerveillée, ses trésors.

LES CADEAUX D'UNE FUTURE MÈRE DE FAMILLE

Héroïques, les deux garçons déclarent à Colette : « Honneur aux filles, vas-y. » Celle-ci ne se fait pas prier, elle déchire les beaux papiers. Maman fait une légère grimace, elle les aurait bien récupérés pour les étrennes, ils coûtent si cher. Colette découvre une magnifique mallette de couture en cuir, entièrement garnie : mamie hoche la tête d'un air satisfait. « Ah, il était temps que tu apprennes à coudre, une future mère de famille doit savoir parfaitement manier l'aiguille », ne peut-elle s'empêcher de remarquer.

Il reste à déballer deux boîtes carrées, identiques. Que peuvent-elles contenir ? L'adolescente dévoile un coin du paquet et pousse un cri de joie. Une poupée Peynet, ravissante dans sa jupe de bal. Elle devine immédiatement le contenu de l'autre cadeau. Ses doigts agiles ont raison de l'emballage. Cette fois-ci, la poupée semble prête à partir au théâtre.

« Nul cadeau n'aurait pu mieux convenir déclare grand-père, car demain, nous voulions vous faire la surprise de tous vous emmener au spectacle. Ils jouent, en matinée, le *Casse-Noisette* de Tchaïkovski. Ce sera notre cadeau de Noël. » Les enfants hurlent de joie, comment dormir après cela ? ■

▶▶ *Jeu de dînette.* © Rue des Archives/BCA

Jeux et jouets
Le noël d'un garçon dans les années 50

UN CATALOGUE TOUT EN COULEURS...

« Ah !... enfin » crient les enfants. Le facteur vient juste de déposer avec le courrier le dernier catalogue de Manufrance. Délaissant les armes et cycles, la fratrie se rue sur les pages de jouets. Chacun a sa feuille blanche et un crayon. L'aîné des garçons louche sur la Maison forestière, un jeu de construction « tout en bois » précise la légende que Jean-Pierre lit à haute voix pour faire partager ses envies et son enthousiasme. Denis, lui, hésite entre une série de petits soldats Starlux, « des légionnaires, des vrais avec le képi blanc, comme en Algérie » crie-t-il, et des canons Solido. « Ils sont démontables, t'as vu ? commente-t-il émerveillé. Ils ressemblent à ceux des actualités... » « Les soldats c'est bien, dit Jean-Pierre. En plus, on pourrait les mettre avec les paras que j'ai eus l'année dernière ! »

bien content que le père Noël nous apporte un grand train Jouef l'an passé ! »
« Toi, lui rappelle Denis, tu n'as pas non plus craché sur mes cubes. »

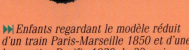

▶▶ Enfants regardant le modèle réduit d'un train Paris-Marseille 1850 et d'une locomotive Pacifio 1930, le 22 mai 1951. © Rue des Archives/AGIP

... ET PLEIN DE MERVEILLES...

Côté voiture, les deux frères s'accordent sur le choix d'une DS. Le grand modèle bien sûr. Les pistolets à amorces, eux, posent souci. Difficile. Jean-Pierre, en bon aîné, se croit autorisé à préconiser pour ne pas dire imposer un Luger, « un automatique... » clame-t-il. Denis s'en moque, il souhaite un revolver à barillet avec son holster. « Comme Kit Carson... ». L'enjeu est d'importance. Le nombre de paquets sera limité et maman va sûrement proposer des cadeaux en commun. Baaah ! s'emporte Denis à l'énoncé de la perspective par son frère. « Te plains pas, lui dit ce dernier, tu étais

... POUR TOUTE LA FAMILLE

Le tir aux pigeons « mécanique avec des piles » lisent les enfants d'une même voix met fin à toute polémique. « Oh là là ! Le fusil de chasse à fléchettes. Qu'est-ce qu'il est beau. On dirait celui de papé. » « Qui a vu le Manufrance ? » demande Maman. « Les enfants, je n'ai même pas eu le temps de le feuilleter. » Les deux frères s'empressent de prendre note et de remettre mine de rien le précieux catalogue de vente par correspondance sur la table de la cuisine. Ce soir, papa sera pressé de le consulter en rentrant. Notre voisin lui a assuré que les nouvelles boîtes à outils de Saint-Étienne étaient « révolutionnaires »... ■

◄◄ *Sur les traces de Kit Carson et d'El Toro...*

DE JOYEUX PRÉPARATIFS

La paix est revenue ! Plus de couvre-feu, les lumières peuvent briller dans les maisons. Les vitrines des magasins regorgent de mille merveilles : jouets, chocolats, oranges, Noël sera joyeux. Les jeudis après-midi sont consacrés à la fabrication de décorations de Noël. Des noix se camouflent sous plusieurs couches de papier argenté : voilà toute une série de jolies boules à accrocher dans l'arbre. De longues bandes dorées sont découpées. Refermées en anneaux, elles deviennent des guirlandes qui accrochent la lumière. La cuisine se transforme en atelier de pâtisserie, maman aidée par sa plus grande fille pétrit des pâtes, confectionne des truffes et glace des orangettes. Pendant ce temps, le père et le fils aîné passent la journée à nettoyer la voiture, elle brille maintenant comme si elle était neuve. L'Aronde est prête pour conduire, ce soir, les grands-parents à la messe de minuit. En attendant, il reste quelques achats à faire en ville : du gui et du houx chez le fleuriste et, surtout, ne pas oublier les bobines de film 8 mm pour pouvoir immortaliser le moment où les enfants vont déballer leurs cadeaux. Il reste maintenant à passer chez le pépiniériste choisir un sapin. Celui que papa prend est si grand qu'il dépasse du coffre de la voiture. Avant de redémarrer, il achète des marrons chauds à un marchand ambulant. Ils les décortiquent en se brûlant les doigts, mais en riant de plaisir. C'est étrange comme des petits instants, comme cela, leur semblent maintenant précieux. En route pour la maison, il y a encore tant de choses à faire avant ce soir.

1950 Jeux de société,

DES PARTIES DE BILLES ACHARNÉES

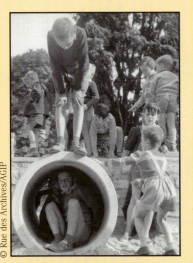

Le jeudi après-midi, dans le square, les enfants se donnent rendez-vous. Très peu de voitures passent dans ce quartier calme, ils peuvent se rendre sans surveillance au jardin, à condition de ne pas parler « aux étrangers ». Ce n'est pas difficile d'obéir, car des « étrangers », ils n'en voient jamais. Ils croisent parfois le commis de l'épicerie, la boulangère ou le rémouleur, mais c'est tout. Devant le kiosque à journaux, ils s'attardent un peu, dans l'espoir de lire en diagonale une page de *Spirou*, mais la marchande les fait filer. Le plus difficile est de courir avec les poches gonflées de billes, non seulement c'est inconfortable, mais celles-ci risquent de tomber et de rouler partout. Les concours de billes, voilà une activité vraiment formidable. Les plus habiles arrivent à gagner une grande partie du capital de leurs adversaires. Parfois, de violentes disputes éclatent. Les mauvais perdants refusent de donner leurs belles « agates » de verre, si coûteuses, à des vainqueurs qui ne possédaient à la base que de simples billes de terre. Mais devant la foule houleuse des gamins en colère, les doigts tendus en forme de corne, ils obtempèrent à contre cœur.

CORDE À SAUTER ET MARELLE

Dans un coin un peu reculé, les fillettes restent ensembles, elles discutent à bâtons rompus, comparent leurs robes, parlent de la paire de chaussures vernies qu'elles espèrent se faire offrir. Du coin de l'œil, elles guettent les garçons, ricanent en se poussant du coude dès que l'un d'eux apparaît. Elles aimeraient bien apporter leurs poupées au jardin, mais elles n'osent pas, car les moqueries des petits machos jailliraient immédiatement, et leur iraient droit au cœur. L'une d'entre elles a amené une corde à sauter, pourquoi ne pas organiser un concours ? Deux fillettes tiennent chacune un bout de la corde, une troisième placée au milieu saute avec adresse. Toutes comptent à voix haute, lorsque les pieds s'embrouillent dans la ficelle, des éclats de rire fusent, et la maladroite doit laisser sa place. Le jeu lasse rapidement les participantes, elles doivent trouver une autre occupation. Le groupe se scinde en deux, une partie part chez la marchande de journaux acheter des fils de Scoubidou colorés, les autres tracent sur le sol, avec un bout de craie chipé à la maîtresse, une grande marelle. Quelques gouttes de pluie commencent à tomber, elles piaillent comme des moineaux, et en quelques minutes, s'éparpillent. Il ne s'agit pas de mouiller leur belle coiffure.

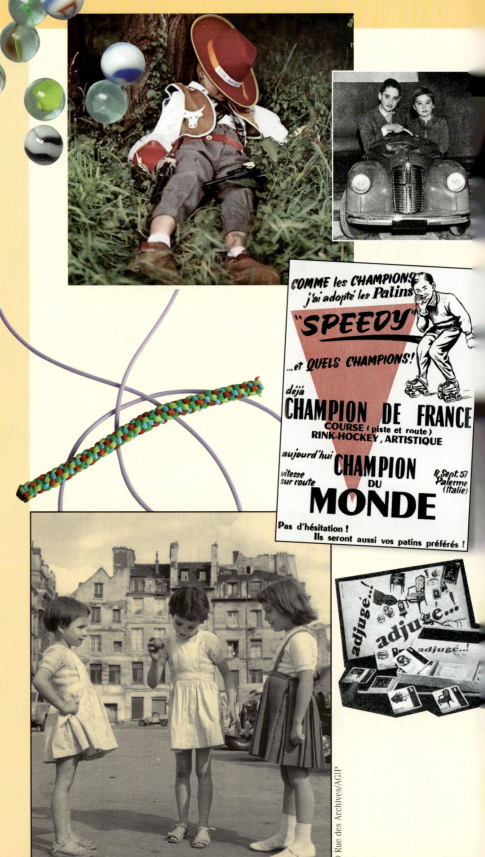

d'extérieur et de plage

DES VACANCES RURALES

Le train poussif ne semble pas avancer. Comment parvenir jusqu'à la mer à ce rythme-là ? Les bagages s'accumulent partout : filet pour la pêche à la crevette, ballon, lourdes valises consolidées par des ficelles. À l'intérieur, quelques chandails chauds, des paires de sandalettes, un maillot de bain et des shorts. Pour les filles, une robe pour le dimanche, mais pour aller à la plage, la mère de famille a pris une bouleversante décision : les petites porteront, elles aussi, des shorts ! Après tout, il faut s'adapter au monde moderne. Pour se distraire, une fois *Le Journal de Mickey* lu, une compétition d'osselets s'organise. Il s'agit de faire preuve d'adresse et d'habileté, mais les soubresauts du train ne facilitent pas les choses. Arrive-t-on enfin ?

Dans la petite pension de famille bretonne où les parents ont loué pour les vacances, le confort est sommaire, les toilettes se trouvent au fond de la cour, et pour se laver, il faut se contenter du lavabo dans un placard pompeusement baptisé salle de bains. Après tout, ce sont les vacances. Soyons fataliste. La plage se trouve à deux cents mètres à peine. On est prêts à tout accepter, même l'odeur des porcs qui vous taquine le nez lorsque vous sortez, et le chant du coq à 6 heures du matin. Une fois réveillé, autant se lever, et l'aube est idéale pour la pêche à la crevette. L'après-midi, il faut attendre avant de se baigner, les parents se montrent intransigeants sur le chapitre de la digestion, alors pour compenser, de mémorables parties de ballon s'organisent. Quand la fatigue se fait sentir, les plus grands s'assoupissent sous leur chapeau de paille et les plus jeunes construisent avec leur seau et leur pelle un château de sable. Des coquillages laissés par la marée dans les rochers décoreront les tours de l'éphémère construction. L'iode, l'air marin et la nourriture frugale mais saine permettront à toute la famille d'affronter l'hiver sans soucis de santé.

Jeux et jouets
Les loisirs des adolescents dans les années 60

▼ *Jeunes gens jouant au billard électrique autrement dit au flipper.* © Rue des Archives/Gérald Bloncourt

DES FILLES SOUS BONNE GARDE

En ces années 60, les adolescents ne jouissent pas tous de la même liberté. Les garçons, s'ils respectent certaines règles indispensables, peuvent sans trop de soucis acquérir très vite une agréable indépendance. Pour les filles, même si l'étau parental commence à se desserrer lentement, la liste des interdits existe toujours. La longueur des jupes obnubile les mères. Le pantalon, toléré parfois pendant les loisirs, reste tabou. Les cheveux courts sont sévèrement réprouvés par les pères et le maquillage formellement prohibé. Les sorties sont limitées au minimum. Les parents essaient de freiner, chez les jeunes filles, cet enivrant désir d'émancipation, mais le vent de liberté ambiant finit par influencer les plus irréductibles. Frères et cousins se voient confier la délicate mission de chaperon. Une mission qu'ils accomplissent volontiers, car ils se déplacent habituellement en bande, et débarquer avec sa sœur, surtout si celle-ci est jolie, fait immédiatement grimper la cote de popularité de l'accompagnateur !

UN PETIT AIR DE FÊTE

La fête foraine reste un lieu de prédilection pour les jeunes, mais il faut agir avec diplomatie, arriver à négocier une avance d'argent de poche tout en restant extrêmement évasif sur la destination choisie. Les parents se doutent bien que le temps des manèges est définitivement révolu, les autos tamponneuses et autres stands de tir passent pour mal famés. On explique longuement aux adolescentes de se méfier des messieurs trop aimables, chapeautés et chaussés de souliers bicolores. Le spectre des trottoirs de Tanger fait frissonner plus d'une mère. Les garçons friment devant leur petite amie, ils cherchent à l'éblouir, se vantent d'exploits extraordinaires et imaginaires. Au stand de tir, les plus habiles arrivent à briser toutes les pipes de terre malgré la veille carabine au canon adroitement dévié par le forain. Ils remportent en général une peluche ou, mieux encore, une grande poupée « italienne », à la magnifique jupe

▲ *L'incontournable stand des autos tamponneuses, haut lieu de « drague » et de frictions en tout genre.* © Rue des Archives/Gérald Bloncourt

Le twist à Paris en janvier 1963. © Rue des Archives/AGIP

volantée et à la capeline romantique. Ils la remettent alors solennellement dans les bras de leur dulcinée, gagnant ainsi définitivement leur cœur. Il ne reste qu'à conclure, les copains complices organiseront une surprise-partie.

UN HABILE DÉTOURNEMENT

Encore petite fille, presque jeune fille, l'adolescente se trouve coincée entre deux âges, mais également entre deux époques. Son éducation la pousse à se préparer à une vie de mère de famille aux principes moraux irréprochables, capable aussi bien de confectionner un gâteau, de coudre un trousseau, que de rendre heureux son futur mari. Pour cela, elle s'applique à recopier des patrons, et confectionne pour sa petite sœur des tenues de poupée. Près d'elle, sa mère coud à la machine. Si la famille est aisée, elle possède parfois la nouvelle Singer électrique, qui permet de réaliser des merveilles. Très vite, la jeune fille se met à confectionner ses propres robes. Elle s'inspire des actrices de cinéma pour choisir les imprimés de ses tissus, recopie la forme du décolleté d'une chanteuse, imite la coiffure d'une autre. Habilement, elle détourne l'attention de ses parents grâce à ses talents de couturière et arrive à se créer une garde-robe de starlette. Elle se doit d'être parfaite lors des surprises-parties, et surtout, bien plus jolie que ses amies.

LA SURPRISE-PARTIE

La sublimissime Françoise Hardy chante *Le Temps des copains*. Une table recouverte d'une nappe à carreaux rouge et blanc, des bouteilles de Coca-Cola en verre, de la limonade et des gâteaux faits maison accueillent les premiers invités. Eddy Mitchell et ses Chaussettes noires font tressauter le Teppaz, et les plus délurés se lancent sur la piste de danse. Les jupes amples des filles s'envolent sur un twist endiablé. Un petit malin pose un slow sur le tourne-disque, les garçons réajustent leur fine cravate, se passent la main dans les cheveux, puis se lancent courageusement. Il ne faut pas tarder sinon les plus jolies filles seront toutes déjà invitées. Les couples se forment et dansent langoureusement. Quelques adolescentes, délaissées, s'assoient sur les chaises en se tortillant, elles jettent des regards furtifs sur les garçons groupés près du buffet. Mais eux ricanent en se poussant du coude, ils sont bien trop occupés à regarder si leurs copains oseront enfin embrasser leur cavalière. Mais les filles sont pudiques, à part quelques rares effrontées, elles restent farouches face aux tentatives hardies de leur partenaire, bien peu d'entre eux arriveront à atteindre leur objectif : un tendre baiser sur la bouche. ■

Fabrice Luchini dans Tout peut arriver *(1969) de Philippe Labro.* © Rue des Archives/Gérald Bloncourt

Espace *la grande aventure*
La conquête de la Lune

▼ *Le 3 novembre 1957, la chienne russe Laïka repose dans son engin spécialement construit pour aller à bord de Spoutnik 2.*
© Keystone-France

À LA CONQUÊTE DES ÉTOILES

La conquête de l'espace, les hommes en rêvent depuis l'Antiquité. Grâce à Jules Verne et à ses héritiers, des millions de lecteurs la croient possible depuis le XIXᵉ siècle, un jour, un jour lointain. En 1957, elle devient réalité lorsque les Soviétiques lancent Spoutnik 1, le premier satellite en orbite autour de la terre. Un mois plus tard, l'URSS lance Spoutnik 2, sans espoir de retour, à bord duquel se trouve la petite chienne Laïka. C'est le premier vol habité. L'animal devient la première victime d'une exploration périlleuse. En octobre 1959, les Américains envoient à leur tour un engin habité par le singe Able. À partir de ce jour, les missions d'exploration s'enchaînent, à l'homme d'emprunter la voie...

ALLÔ LA TERRE...

1961, les Soviétiques exultent, à vingt-sept ans, Youri Gagarine vient de monter à 327 km de la Terre. Mis en orbite à bord du vaisseau Vostok, pendant 89 minutes, il a été propulsé, dans le même temps, au rang de héros mondial.

Guerre froide oblige, le président John Fitzgerald Kennedy décide d'envoyer un homme sur la lune, avant la fin de la décennie et surtout, avant l'URSS.

Le 16 juin 1963, la soviétique Valentina Terechkova devient, elle, à vingt-six ans, la première femme de l'espace. Ancienne ouvrière dans une fabrique de pneus, puis dans une usine de textile, avant d'être recrutée en 1962 en raison de son absence de peur en toute situation, « Valya », comme l'appelle son président Nikita Khrouchtchev, s'inscrit ce jour-là, à jamais dans l'histoire de la conquête spatiale.

MISSIONS DANGEREUSES

Les missions spatiales révèlent rapidement les dangers de l'entreprise. En 1963, l'humidité envahit la cabine de l'astronaute américain Cooper, et le fonctionnement défectueux du système de séchage menace la vie de l'astronaute, miraculeusement rescapé de l'incident. Deux ans plus tard, l'astronaute White sort de sa cabine et se déplace dans l'espace avant d'avoir quelques difficultés à réintégrer sa capsule. Des conditions, inédites jusque-là, conduisent les explorateurs américains et soviétiques à des préparations de plus en plus extrêmes.

ON A MARCHÉ SUR LA LUNE

Le 3 février 1966, la sonde soviétique Luna 9 réussit un alunissage en douceur. Sa forme arrondie lui permet de rebondir sur le sol jusqu'à se stabiliser. Ses « pétales » s'ouvrent et

▲ *Le 12 avril 1961, une petite fille de Paris tente de comprendre dans le journal la nouvelle extraordinaire : un homme se promène dans l'espace.* © Keystone-France

▲ *En juin 1963, Valentina Terechkova, astronaute russe, s'entraîne au centre spatial de Moscou.* © Keystone-France

▲ *Portrait le 12 avril 1961 du pilote russe Youri Gagarine avant son départ dans le vaisseau spatial Vostok 1.* © Keystone-France

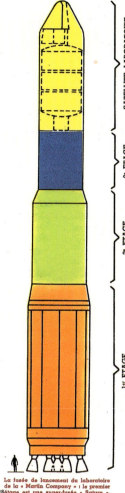

la sonde envoie les premières images de paysages lunaires. La course entre les deux « super-géants » bat son plein.

Le 21 juillet 1969, les Américains remportent la course : la fusée géante Saturn V lance la mission habitée Apollo 11. Deux astronautes américains, « Buzz » Aldrin et Neil Armstrong, posent leur module lunaire (*lunar module*) sur le sol. Devant le regard médusé de plus de 600 millions de téléspectateurs, ils sortent de leur cabine revêtus de leur scaphandre, marchent d'abord à pas prudents, puis avec une assurance accrue, et malgré leurs lourdes carapaces – lourdes du point de vue de la pesanteur terrestre –, ils démontrent la possibilité de se déplacer sur le sol lunaire avec une certaine aisance.

Douze ans seulement après la mise en orbite du premier satellite artificiel par les savants soviétiques, l'homme marche sur la lune et Neil Armstrong peut déclarer : « C'est un petit pas pour l'homme, mais un pas de géant pour l'humanité. » ■

La fusée de lancement du laboratoire de la « Martin Company » : le premier 2e étage est une super-fusée « Saturn ».

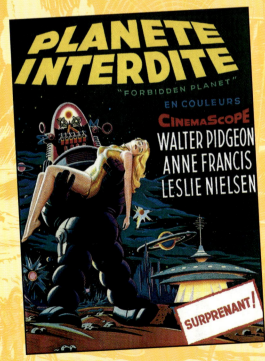

▲ Le cosmonaute E. White, premier homme qui effectue une sortie dans l'espace le 3 juin 1966, est relié par un cordon ombilical à la capsule Gemini 4, à 161 km de la Terre. © Keystone-France

Le sport
Les jeux Olympiques d'hiver

▶▶ *En février 1952, lors de la cérémonie d'ouverture des JO d'hiver au stade Bislett à Oslo, Eigil Nansen, petit-fils de l'explorateur et océanographe Fridtjof Nansen, apporte le flambeau de Morgedalen.*
© Keystone-France

▼ *Le 14 février 1952, la patineuse Jacqueline Du Bieff pose à la veille de l'ouverture des JO d'hiver d'Oslo, en Norvège.*
© Keystone-France

▼ *Le skieur autrichien Toni Sailer en 1956.* © Keystone-France

■■ OSLO – 1952 ▶▶

En Norvège, le ski est considéré comme un sport national, le pays semble donc parfaitement indiqué pour organiser les jeux d'hiver de 1952. Signe évident d'une volonté de tourner définitivement la page, l'Allemagne et le Japon font partie des délégations officielles.

L'Américaine Andrea Mead Lawrence, âgée de dix-neuf ans, arrive en tête du slalom géant. Elle confirmera sa suprématie sur les autres candidates en renouvelant son exploit lors du slalom spécial.

L'Italien Zeno Colo, célèbre pour sa vitesse, remporte la descente olympique, il conclut ainsi une carrière magnifique.

Dans le géant masculin, l'un des membres du pays organisateur, Stein Eriksen, se distingue à la grande joie du public. La Norvège finit d'ailleurs la compétition forte de sept médailles d'or, le champion de patinage de vitesse Hjalmar Andersen en gagne à lui seul trois. Les Finlandais remportent toutes les épreuves de ski de fond au grand désarroi de la délégation suédoise.

Ce n'est qu'avec une modeste médaille de bronze que la patineuse Jacqueline Du Bief sauve l'honneur de la France.

■■ CORTINA D'AMPEZZO – 1956 ▶▶

À cette occasion, l'URSS choisit de participer à nouveau à des jeux Olympiques d'hiver. Un jeune champion autrichien, Toni Sailer, remporte le slalom géant, le slalom spécial et la descente olympique. Son physique agréable, sa virtuosité sur les skis, son incroyable personnalité l'inscrivent à jamais dans l'histoire des plus grands champions de ski. Jean Vuarnet, en désaccord avec son entraîneur James Couttet, se voit suspendu de compétition, il prive ainsi la France d'éventuelles victoires. La Suède, la Finlande et la Norvège continuent à se partager les médailles de ski de fond, mais les Russes remportent le 4 x 10 kilomètres et le 10 kilomètres dames.

La délégation soviétique semble absolument imbattable en patinage de vitesse. Yevgeny Grishin gagne le 500 mètres, et termine ex æquo avec son compatriote Yury Mikhailov pour le 1 500 mètres. Dans le 5 000 mètres, les Russes Boris Shilkov et Oleg Goncharenko arrivent successivement premier et troisième. L'équipe soviétique de hockey sur glace a enfin le bonheur de remporter le titre olympique à la grande stupéfaction des Canadiens et des Américains.

En patinage artistique, si l'Américaine Tenley Albright se voit décerner la médaille d'or, c'est sa très jeune compatriote d'à peine seize ans, Carol Heiss, qui charme le public.

Les jeux s'achèvent comme ils ont commencé, dans une ambiance à la fois bon enfant et glamour que seuls les Italiens savent créer, et sur le merveilleux sourire de Sophia Loren.

■■ SQUAW VALLEY – 1960 ▶▶

Les jeux Olympiques d'hiver de Squaw Valley en 1960 resteront certainement dans toutes les mémoires, grâce à leur côté spectaculaire. Walt Disney, en personne, en assure la mise en scène. La ravissante patineuse Carole Heiss est chargée de prêter serment au nom de tous les athlètes. Elle devient d'ailleurs, au cours de la compétition, championne olympique.
Parmi le public venu admirer les sportifs, on peut rencontrer les plus grandes stars du moment : Jayne Mansfield, Danny Kay, Marlène Dietrich, etc.

▲ *L'Américaine Tenley Albright en 1955.* © Keystone-France

◄◄ *La ravissante patineuse Carol Heiss en 1960.*
© Keystone-France

▲ *Jean Vuarnet apporte à la France une médaille d'or en 1960.*
© Keystone-France

▼ *Le Français Alain Calmat en 1964.*
© Keystone-France

Le skieur français Jean Vuarnet triomphe, il remporte une médaille d'or en descente en adoptant sa fameuse position de « l'œuf » et surtout grâce à des skis métalliques, et non plus en bois comme ceux jusqu'ici utilisés. Son compatriote Guy Périllat grimpe sur la troisième marche du podium. Un troisième français, Charles Bozon, gagne la médaille de bronze lors du slalom géant remporté par l'Autrichien Ernst Hinterseer. Le patinage de vitesse est largement dominé par les équipes soviétiques, mais les Américains tiennent leur revanche en remportant le titre lors de l'épreuve de hockey sur glace.

permettront un enneigement suffisant, les organisateurs « sauvent » la manifestation en faisant véhiculer de la neige et de la glace par camions-bennes.

Pour la première fois, des compétitions de luge apparaissent, ce sport jusqu'ici ludique et essentiellement réservé aux enfants gagne ses lettres de noblesse en devenant une épreuve olympique.

Les Soviétiques sont à l'honneur grâce à leur championne de patinage de vitesse, Lydya Skoblikova, qui remporte quatre médailles d'or, c'est la première fois qu'une femme réussit un tel exploit. Leur équipe de hockey sur glace écrase également ses concurrents américains et canadiens lors de matchs mouvementés qui déchaînent l'enthousiasme des spectateurs.

Le patineur Alain Calmat, vainqueur des championnats d'Europe, n'obtient qu'une médaille d'argent, tandis que le skieur alpin François Bonlieu monte à l'issue du slalom géant sur la plus haute marche du podium, couronnant ainsi une carrière en dents de scie.

Les pays nordiques triomphent une fois de plus dans les différentes épreuves de ski de fond. Le Suédois Klas Lestander est le premier médaillé d'or de la nouvelle épreuve olympique des jeux, le biathlon, qui associe ski de fond et tir.

Le ski français commence véritablement à rentrer dans la légende grâce aux femmes. Les sœurs Goitschel, Marielle et Christine, malgré leur jeune âge, dix-huit et vingt ans, remportent chacune une médaille d'or et une d'argent dans le slalom géant et le slalom spécial. Ce n'est que le début d'une carrière qui se révélera éblouissante.

▮▮ INNSBRUCK – 1964 ▶▶

Lors des jeux d'Innsbruck en février 1964, le temps reste désespérément clément. Les canons à neige ne peuvent pas, à eux seuls,

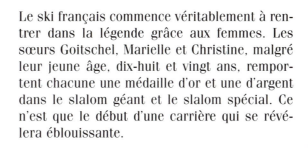

▲ *La Russe Lydya Skoblikova en 1964.* © Keystone-France

▲ *Le 3 février 1964, lors des JO d'Innsbruck, les skieuses françaises Marielle Goitschel (à g.) et Christine Goitschel entourent la skieuse américaine Joan Saubert.* © Keystone-France

Le sport
Les jeux Olympiques d'été

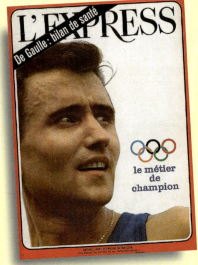

L'athlète Emil Zátopek (vainqueur) et le Français Alain Mimoun (second) se félicitent après la finale du 5 000 m lors des Jeux de Helsinki en juillet 1952. © Keystone-France

HELSINKI – 1952

Ces jeux organisés en Finlande marquent le début d'une ère nouvelle. Vainqueurs et perdants de la Seconde Guerre mondiale participent les uns à côté des autres à la manifestation. L'URSS, elle-même, pour la première fois depuis trente ans, est présente. Pourtant, celle-ci choisit comme les autres pays de l'Est de loger ses athlètes dans son propre campement, à Otaniemi, près de la frontière soviétique.
Incroyable revanche sur la vie, le gymnaste russe Viktor Chukarin remporte quatre médailles d'or et deux d'argent, après avoir survécu à l'horreur des camps de concentration.
Le coureur tchécoslovaque Zátopek ravit, une fois de plus, la victoire du 10 000 mètres au Français Alain Mimoun, mais celui-ci garde la sympathie de son public, ses performances et son courage déclenchent l'admiration. Lors du 5 000 mètres, Zátopek arrive à nouveau premier, suivi de peu par Mimoun. Non seulement le record olympique est pulvérisé, mais la course entre dans l'histoire des jeux. Le Tchécoslovaque ne se contente pas de ses deux médailles d'or, il s'offre le plaisir d'en obtenir une supplémentaire lors du marathon auquel il participe pour la première fois. Sa femme Dana ramène, elle aussi, de l'or, mais pour le lancer du javelot.

L'Américain Parry O'Brien révolutionne le lancer de poids avec une technique qu'il a mise au point, il obtient non seulement la médaille d'or mais pulvérise dix fois le record du monde. Toujours experte dans l'art du fleuret, l'équipe de France obtient la médaille d'or individuelle grâce à Christian d'Oriola, tandis que son cousin Pierre Jonquères d'Oriola, cavalier émérite, monte lui aussi tout en haut du podium.

Quant à Jean Boiteux, dans le 400 mètres nage libre, il gagne la médaille tant convoitée et le cœur des Français.

MELBOURNE – 1956

Les jeux de Melbourne débutent alors qu'un nouveau conflit mondial semble sur le point d'éclater. Les Soviétiques viennent de réprimer l'insurrection de Budapest en faisant plus de 20 000 morts tandis que la crise du canal de Suez prend de l'ampleur. Les organisateurs des jeux violent la charte en organisant à Stockholm, plusieurs mois avant l'ouverture officielle, les compétitions équestres car les lois australiennes exigent une mise en quarantaine des chevaux.

Alain Mimoun, lors du marathon, arrive bien avant les autres et remporte enfin la médaille tant convoitée. Le premier à le féliciter est son grand ami et rival Zátopek qui finit, lui, sixième. L'Américain Robert Joe Morrow décroche trois médailles d'or dans le 100 mètres, le 200 mètres et le 4 x 100 mètres. Devant son public, Betty Cuthbert devient une authentique héroïne nationale en accomplissant le même exploit. C'est également une femme qui met de nouveau à l'honneur le pays d'accueil des jeux, Dawn Fraser gagne le 100 mètres nage libre, le 4 x 100 mètres et arrive seconde dans le 400 mètres. L'Australie peut d'ailleurs être fière de ses champions car le nageur Murray

Parry O'Brien gagne l'épreuve du lancer de poids avec 17,32 m, le 23 juillet 1952. © Rue des Archives/AGIP

Arrivée du 100 m hommes aux JO de Melbourne : le premier est l'Américain Robert Morrow, en 10,5 secondes (à gauche), le 29 novembre 1956. © Keystone-France

La coureuse australienne Betty Cuthbert s'entraîne à Melbourne, en Australie, le 24 octobre 1956. Elle réalisera le doublé 100 m-200 m devant son public lors des JO. © Keystone-France

Les Italiens fêtent à sa juste valeur leur champion de boxe Nino Benvenuti, tandis qu'en catégorie mi-lourds, Cassius Clay, qui ne s'appelle pas encore Muhammad Ali, triomphe à dix-huit ans à peine face au champion polonais Zbigniew Pietrzykowski. © Rue des Archives/BCA

Rose, qui n'a même pas atteint ses dix-huit ans, remporte trois fois de suite l'ultime récompense. Comme à Helsinki, l'Ukrainien Viktor Chukarin éblouit les spectateurs, il remporte cette fois-ci cinq médailles, dont trois en or. Lors de la clôture des jeux, pour la première fois, tous les athlètes se présentent ensemble sur le stade, bras dessus, bras dessous, sans aucun drapeau, en signe d'unité mondiale.

ROME – 1960

Berceau des premiers JO, Rome accueille les jeux en 1960. L'événement peut de plus être suivi par un public universel car la télévision commence à diffuser des programmes un peu partout.

Ce sera d'ailleurs une année forte en symboles. Lors du marathon, l'Éthiopien Abebe Bikila devient le premier Noir africain à remporter une médaille d'or, il volera vers la victoire pieds nus, à l'image d'une jeune Afrique désormais libre.

Pour le 1 500 mètres, le jeune Français Michel Jazy crée la surprise en se plaçant à la deuxième place. Lors des épreuves des 100, 200 et 4 x 100 mètres, l'Américaine Wilma Rudolph entre dans l'Histoire en arrivant trois fois première, son style inégalé est sublimé par sa beauté exceptionnelle. Surnommée « la gazelle noire », elle éblouit les jeux. Les Français finissent quatorzièmes de la compétition, ils n'ont rapporté aucun titre de champion olympique, la colère gronde et les délégations décident une sérieuse remise en question de leurs méthodes.

TOKYO – 1964

Lors de la cérémonie d'ouverture, quatre-vingt quatorze nations défilent devant l'empereur Hiro-Hito, et parmi elles, dix-sept pays africains qui viennent d'obtenir leur indépendance au début de la décennie. L'Afrique du Sud, qui a condamné à la prison à vie Nelson Mandela, se voit interdite de participation ainsi que la Corée du Nord et l'Indonésie, qui elles, ont tendance à pratiquer une ingérence politique systématique dans le sport. La Chine est également absente car elle n'a pas accepté la reconnaissance de Formose par le CIO. Profitant d'être au Japon, les organisateurs ont choisi de faire du judo une compétition olympique.

Le nageur Donald Schollander offre à l'Amérique quatre médailles d'or et l'Australienne Dawn Fraser gagne pour la troisième fois la médaille d'or lors du 100 mètres nage libre. Mais c'est une Française de seize ans, Christine Caron, qui, malgré sa deuxième place lors du 100 mètres dos, illumine la manifestation par sa gentillesse et son fair-play.

La gymnaste russe Larisa Latynina remporte à nouveau six médailles qui s'ajoutent à celles gagnées lors des deux dernières éditions des jeux Olympiques : elle totalise ainsi neuf médailles d'or, cinq d'argent et quatre de bronze !

La surprise est créée par le cavalier Pierre Jonquères d'Oriola, âgé de quarante-quatre ans. Sa participation aux jeux Olympiques est contestée, il est même boudé par les journalistes, mais il offre à la France son unique médaille d'or.

Cérémonie d'ouverture des JO de Tokyo en octobre 1964. © Keystone-France

Le podium du relais 4 x 100 m dames : de g. à d., l'équipe de Pologne (T. Wieczorek, B. Janiszweska, C. Jesionowska et H. Richter), l'équipe des États-Unis (M. Hudson, L. Williams, B. Jones et W. Rudolph), l'équipe d'Allemagne (M. Langbein, A. Biechl, B. Hendrix et J. Heine), à Rome le 10 septembre 1960. © Keystone-France

Abebe Bikila, marathonien éthiopien, porté en triomphe après son arrivée victorieuse dans le marathon des JO de Rome le 10 septembre 1960. © Keystone-France

Le sport
Le football

> Le foot, un spectacle dont nous profitons parfois au stade communal, voire souvent, suivant nos milieux et nos familles, mais surtout l'activité sportive la plus accessible. Jouer au foot, shooter dans un ballon, seul ou entre copains, dans la cour de récré ou celle de l'immeuble, au jardin ou dans la rue, le football, le sport... numéro un dans nos cœurs. Et tous les quatre ans, une grande messe planétaire fédère ses amateurs, la Coupe du monde de football. À partir de 1958, cette Coupe se trouve enfin retransmise à la télévision. En France, près d'un million d'heureux possesseurs de petit écran en profitent, un plaisir souvent partagé avec les parents, amis et voisins. Loin des extraits de rencontres visibles jusque-là dans les actualités filmées projetées au cinéma, nous pouvons découvrir ces grands matches dans leur intégralité.

▼ Le 5 juin 1954, une phase du match Allemagne-Hongrie en finale de coupe du Monde en Suisse. L'Allemagne remporte la victoire face à la Hongrie. © Keystone-France

sions et une bataille rangée dans les vestiaires. Les Magyars marchent confiants vers la finale où ils affrontent, le 4 juillet 1954, les Allemands. Rapidement, les Hongrois mènent avec deux buts. Malgré cette avance, dix petites minutes suffisent aux Allemands pour renverser la situation et à six minutes du coup de sifflet final, Helmut Rahn inscrit le but de la victoire en profitant d'une glissade du gardien Gyula Grosics. Des minutes entrées depuis dans la légende...

▌ SUÈDE – 1958 ▶▶

Les Bleus de l'équipe de France captent toute l'attention, forts d'un exceptionnel trio d'attaquants : Kopa, Piantoni et Fontaine. Et les résultats sont à la hauteur des espoirs. Meilleur buteur : Just Fontaine (treize buts marqués, un autre record inégalé), meilleure attaque (vingt-trois buts) et meilleur joueur élu : Raymond Kopa. Onze buts en trois matches, le rêve jusqu'à la demi-finale et la défaite contre le Brésil. Décevants à domicile, en 1950, et en Suède, en 1954, les Brésiliens tiennent leur revanche. Ils éliminent l'Autriche (3 à 0), l'URSS (2 à 0), tiennent l'Angleterre en échec (0 à 0). Contre le Pays de Galles, en quart de finale, la Seleçao révèle un jeune génie de dix-sept ans dénommé Pelé. Après avoir éliminé la France en demi-finale, les Brésiliens affrontent et battent la Suède en finale (5 à 2) grâce aux buts de Zagallo et Vava et surtout au doublé de ce jeune et prometteur Pelé.

▌ SUISSE – 1954 ▶▶

Après avoir connu la ferveur du stade Maracana de Rio de Janeiro, en 1950, la Coupe Jules Rimet quitte le Brésil pour les alpages helvétiques. Cent quarante buts en vingt-six rencontres, du jamais vu et un record aujourd'hui inégalé. Donnée favorite, la Hongrie triomphe des Brésiliens en quart de finale, au terme d'un match tristement célèbre sous la dénomination de « bataille de Berne » : trois expul-

▲ Le 29 juin 1958, Just Fontaine qui a treize buts à son palmarès est porté en triomphe par ses coéquipiers. De g. à d. : Douis, Lerond, Fontaine et Vincent. © Keystone-France

◀◀ *Le 29 juin 1958, l'équipe brésilienne pose après sa victoire face à la Suède (5-2) lors de la Coupe du monde de Stockholm. L'équipe est composée de Bellini (capitaine), Gilmar, Djalma Santos, Nilton Santos, Orlando, Zito, Didi, Garrincha, Vava, Pelé, Zagallo.*
© Keystone-France

■ CHILI – 1962 ▶▶

Retour en Amérique du Sud, malgré des infrastructures (stades, routes...) largement déficientes. Très attendu, Pelé ne dispute que le match d'ouverture contre le Mexique. La Seleçao l'emporte (3 à 1), hélas, Pelé, blessé, se trouve contraint d'abandonner la compétition. Malgré cette défection, les Brésiliens (Amarildo, Zito, Vava...) éliminent en demi-finale les Chiliens – vainqueurs de l'URSS en quart de finale (2 à 1) – et, en finale, les Tchèques (3 à 1). Deux coupes pour le Brésil à l'instar de l'Italie et de l'Uruguay.

demi-finale, où le futur kaiser Franz Beckenbauer marque contre le gardien Lev Yachine, une légende... Les Anglais, vainqueurs des Portugais en demi-finale (2 à 1), remportent la Coupe sous la conduite de Bobby Charlton en battant l'Allemagne de l'Ouest (4 à 2) à la suite d'un match contesté et aujourd'hui encore contestable.

▶▶ *Coupe Jules Rimet qui est remise par la FIFA (Federation International Football Association) à l'équipe gagnante de la Coupe du monde de Wembley en 1966.* © Keystone-France

L'ÉPOPÉE DU STADE DE REIMS

En 1951, Albert Batteux, joueur devenu entraîneur du club, recrute Raymond Kopa, un prodige nordiste repéré au SCO d'Angers. Le duo fonctionne à ravir et Reims emporte deux titres de championnat, en 1953 et 1955.
L'année suivante, le Stade, parvenu en finale de Coupe d'Europe, échoue. Les critiques fusent. On dénonce l'accumulation de matches amicaux, particulièrement lucratifs pour les dirigeants, mais fatals pour l'état physique des joueurs. Kopa s'exile. Direction le Real de Madrid.
1957-1958, Reims réalise le doublé coupe et championnat. Kopa absent, le club s'appuie sur Just Fontaine, Roger Piantoni et Jean Vincent. Nouvelle finale de Coupe d'Europe, en 1959, face au Real, et nouvelle défaite. Coup de théâtre dans le monde du foot, Kopa quitte le Real au cours de la saison 1959-1960 pour retrouver le club champenois. Un trio d'attaquants exceptionnels – Kopa, Fontaine et Piantoni –, un ailier gauche éblouissant, Vincent, et des recrues alsaciennes de poids – Muller et Wendling –, les Rémois sont mûrs et emportent tout sur leur passage. Ils pulvérisent les Bordelais (8 à 2), Fontaine et Piantoni inscrivant chacun un quadruplé...

Les malheurs pointent. Le 11 mars le terrible tacle d'un Bulgare au cours d'un match en équipe de France atteint Piantoni. Une double fracture tibia-péroné laisse le 11 mars, Fontaine à terre. Malgré ces handicaps, Reims poursuit sa course vers la victoire, et Le Havre doit s'incliner (8 à 2) face aux Rémois. Le Stade est Champion de France. Un palmarès extraordinaire à l'issue de cette saison 1959-1960 : soixante points inscrits, cent neuf buts au compteur. Un âge d'or. Avec six titres en quatorze ans, le Stade de Reims a largement dominé le football français de notre jeunesse.

■ ANGLETERRE – 1966 ▶▶

En ces années 60, plus de 400 millions de téléspectateurs peuvent désormais suivre les exploits de leurs héros. Que d'émotions... L'invraisemblable Portugal – Corée du Nord (5 à 3) en quart de finale, ou la rencontre RFA – URSS (2 à 1) en

▶▶ *Le 17 mars 1966, portrait de Franz Beckenbauer du FC Bayern de Münich.*
© Keystone-France

▲ *Le 17 juin 1962, au cours de la finale de la Coupe du monde à Santiago du Chili, match Brésil-Tchécoslovaquie, Zito marque d'une tête le deuxième but de la rencontre. Le Brésil est vainqueur 3 contre 1.* © Keystone-France

Le sport

Auto et vélo

▲ Juan Manuel Fangio au volant d'une Ferrari. © Keystone-France

▲ En 1954, lors de l'entraînement des voitures sur le circuit du Nurburgring (Allemagne), trois Formule 1, une Mercedes (n°18) conduite par Juan Manuel Fangio, une Gordini (n°9) conduite par le Français Jean Behra et la Ferrari (n°3) de Mike Hawthorn passent côte à côte sur la piste. © Keystone-France

▶▶ La voiture des pilotes Jean-Pierre Beltoise (français) et Piers Courage (britannique) au départ des 24 Heures du Mans en 1969.
© Keystone-France

L'automobile

VA DONC, EH FANGIO !

La course automobile, celle que nous tentions de reproduire avec nos Dinky Toys – de préférence sur du carrelage... –, rime dans nos mémoires avec un nom, un seul, celui de Juan Manuel Fangio. Fangio surnommé le « Maestro », un des plus grands pilotes, sans doute le plus grand, de l'histoire des circuits. Arrivé en Europe en 1949, avec une Maserati et la bienveillance du régime péroniste, il emprunte aussitôt le chemin des podiums. Cet Argentin surdoué gagne cinq Championnats du monde (1951, 1954, 1955, 1956 et 1957) au volant de cinq bolides différents (Alfa Romeo, Maserati, Mercedes, Ferrari et Maserati) et remporte vingt-quatre courses avec cinquante et un départs... Une suprématie disputée aux Italiens (Giuseppe Farina et Alberto Ascari) et aux Britanniques (Mike Hawthorn et Jack Brabham).

La course du Grand Prix d'Allemagne, en 1957, pourrait à elle seule résumer sa maestria. Parti selon la volonté de Maserati avec une charge d'essence légère face à ses concurrents Hawthorn et Collins de l'écurie Ferrari, dans l'espoir de prendre la tête avant de refaire un plein, il perd quarante-cinq secondes au ravitaillement et accentue son retard une fois le réservoir rempli. C'était sans compter sur Fangio, il récupère six secondes par tour, dépasse largement Collins et parvient à forcer la route de Hawthorn dans la dernière ligne droite...

1958, Fangio court pour la dernière fois, et termine quatrième du Grand Prix de France à Reims, victime des problèmes mécaniques de sa Maserati. À l'approche de la ligne d'arrivée, Mike Hawthorn l'accroche, mais laisse passer le « Maestro ». Esprit sportif pour ne pas dire chevaleresque ? Chapeau bas simplement, devant Fangio.

LE MANS

Au cours des années 60, les rallyes et les courses d'endurance suscitent un engouement au moins égal aux courses de Formule 1. Les nouveaux Fangio se nomment Jean-Pierre Beltoise, Jackie Stewart, Jacky Ickx ou Henri Pescarolo, et nous offre à l'occasion des images encore trop rares de leurs exploits, des émotions dignes d'un album de Michel Vaillant. Trois fois champion de France en F3 (1966, 1967 et 1968) et deux fois vainqueur du trophée d'Europe en F2 (1967 et 1968), Matra peine à emporter les 24 Heures du Mans. Cette victoire sur le circuit sarthois devient un objectif prioritaire... Champion du monde de F1 en 1969, Matra voit, cette année-là, trois de ses voitures franchir la ligne d'arrivée des 24 Heures. Trois ans plus tard, Pescarolo remporte l'épreuve avec Graham Hill (devant Cevert-Ganley). Ce succès ouvre une série de trois victoires consécutives assorties de deux titres de champion du monde des constructeurs.

Jean Robic (vainqueur du Tour en 1947) est chaudement encouragé le 8 juin 1949 en haut du col de l'Aubisque. © Keystone-France

Le cyclisme

LA GRANDE BOUCLE

1947, le Tour repart avec le soutien d'un nouveau journal, *L'Équipe*. Vainqueur des trois premiers Tours, le Français Jean Robic (1947) et les Italiens Gino Bartali (1948) et Fausto Coppi (1949) se sont immédiatement ancrés dans le cœur du public, à l'instar de Louison Bobet et de Raphaël Géminiani, challenger malchanceux des vainqueurs des Tours de 1950 – Ferdi Kubler – et de 1951 – Hugo Koblet. En 1952, Coppi parvient à réaliser le doublé en gagnant le Tour de France et le Giro d'Italie. Cocorico, l'année suivante, Louison Bobet finit vainqueur et Robic porte le premier maillot jaune de sa carrière. Bobet emporte une nouvelle fois la victoire en 1954, et en 1955, devant la caméra – une première – de la télévision française.
Autre légende, Jacques Anquetil. En 1957, il bénéficie du forfait de Bobet et gagne son premier Tour. Le début d'un parcours exceptionnel. 1961, 1962, 1963, 1964... Anquetil finit gagnant, il compose un tandem redoutable avec son équipier Géminiani et éclipse à chaque fois ses concurrents, dont son compatriote Raymond Poulidor, l'Espagnol Federico Bahamontes et le Luxembourgeois Charly Gaul.

« ALLEZ POUPOU ! »

En 1964, le principe d'équipe nationale laisse place aux équipes sponsorisées, les marques célèbres se partagent désormais une poignée de champions. Raymond Poulidor mène la vie dure à Jacques Anquetil et leur duel dans la montée du Puy de Dôme demeure inoubliable. Poulidor s'incline néanmoins. En 1965, et malgré l'absence d'Anquetil, il trouve une rude concurrence face à Felice Gimondi et en 1966, face à Lucien

Aimar, le coéquipier d'Anquetil. Le grand Jacques, malade, se retire. Concours de déveine, Poulidor heurte un motard en 1968 et se blesse grièvement à la tête. Le pire pour « Poupou » reste à venir... et il s'appelle Eddy Merckx. Vainqueur de tous les contre la montre, Merckx se révèle également indépassable dans les montées et les descentes. Après avoir remporté le maillot jaune, le maillot vert et le Grand prix de la montagne, il remonte en cette année 1969, triomphalement, les Champs-Élysées.

▲ En gagnant l'étape de montagne Grenoble-Briançon, Bobet consolide sa place de premier au classement général du Tour de 1954. © Keystone-France

13 juillet 1964, Anquetil et Poulidor roue dans la roue durant l'ascension du Puy de Dôme lors du Tour de France. Poulidor arrive au sommet 42 secondes avant son rival. © Keystone-France

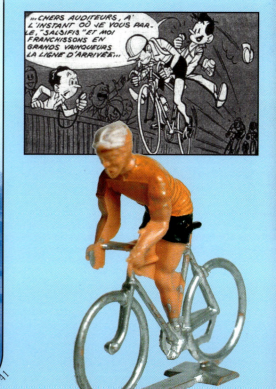

▲ Louison Bobet gagne le Tour de Lombardie en octobre 1951. Après la victoire, Fausto Coppi le félicite. © Keystone-France

▲ Pendant le Tour de France, en juillet 1956, le peloton au passage sur un pont du Rhône. © Keystone-France

Le sport

Les sports de combat

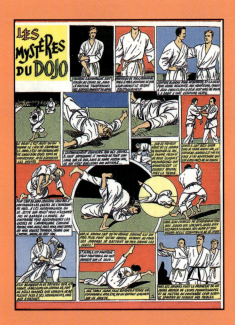

Louis de Funès et son fils Olivier sur le plateau du film L'Homme-orchestre (1969) de Jean Girault. © Rue des Archives/AGIP

Les trois judokas français Pariset, Courtine et Dazzi ont quitté Paris par Air France en direction de Tokyo où ils participeront aux championnats du monde de judo, Paris 1956. © Keystone-France

Le judo

COMME LES HÉROS…

Le jujitsu, autrement dit judo, nous fascine. Arme secrète de nos héros de papier ou de cinéma, ce sport de combat – un « art martial » dit-on – semble être l'apanage de ceux qui allient la force physique et l'intelligence. Fondée en 1946, la Fédération française de judo et Jujitsu officialise sa pratique. Deux ans plus tard, on ne compte que cent ceintures noires contre vingt mille à la fin des années 60. Dans l'intervalle, la volonté inébranlable d'une poignée de passionnés aura eu raison des réticences rencontrées parfois face à ce sport asiatique, face donc à un univers encore largement méconnu… L'organisation du premier tournoi de judo féminin en France (mai 1950), l'adhésion à la Fédération internationale de judo et l'accueil au même moment à Paris des premiers championnats d'Europe (décembre 1951) au cours desquels la France emporte tous les titres, la participation des Français Henri Courtine et Bernard Pariset au championnat du monde de judo (mai 1956)… assurent l'assise de ce sport dans l'Hexagone.

UN ESPRIT SAIN DANS UN CORPS SAIN

Organisatrice pour la première fois des championnats du monde de judo à Paris, en 1961, la France possède désormais deux champions, Courtine et Pariset, dont les exploits suscitent moult vocations. Le jeudi après-midi, des dizaines de milliers d'enfants empruntent ainsi le chemin des tatamis, un passage presque obligé aux yeux d'une génération de parents. Le judo apparaît aux JO de Tokyo, en 1964, comme sport de démonstration. Créée en 1960, la Fédération nationale de judo sportif (FNJS) se mue en 1965, en Fédération Nationale de Judo Traditionnel (FNJT). Trois ans plus tard, Courtine et Pariset deviennent les premiers Français ceintures noires 6e dan et demeurent, dans nos cœurs, le modèle de nos dix ans…

Le catch

Le public se moque complètement de savoir si le combat est truqué ou non, et il a raison ; il se confie à la première vertu du spectacle, qui est d'abolir tout mobile et toute conséquence : ce qui importe, ce n'est pas ce qu'il croit, c'est ce qu'il voit.

Roland Barthes,
Mythologies (1957)

UN SPORT ? MIEUX ENCORE, UN SPECTACLE

Arrivé des États-Unis avant la Seconde Guerre mondiale, le « catch » – issu de l'expression anglaise « catch as catch can » (« attrape comme tu peux ») – connaît, à partir des années 50, une impressionnante popularité, et les catcheurs disputent aux vedettes de cinéma ou de la chanson la position d'idole. Les frères Delaporte, Ben Chemoul, l'Ange Blanc, le Bourreau de Béthune, Chéri Bibi, Jacky Richard, Jessy Texas ou Stranglew Joe remplissent les salles et la télévision, consciente de cet engouement, ne tarde pas à retransmettre ces invraisemblables combats commentés, et de quelle manière, par l'inimitable Roger Couderc. Souvenons-nous des files d'attente, dès 19 heures pour être sûr d'avoir une place, de la cohue au moment de l'ouverture des portes... et de l'apparition de ces vengeurs masqués.

L'ANGE EXTERMINATEUR

Les Mexicains avaient fait d'El Santo un dieu du ring et du cinéma, nous avions Francisco Pino dit l'Ange Blanc. À la fin de son premier combat diffusé à la télé, contre le Boucher de la Villette, plus d'un millier d'appels téléphoniques manquent de faire sauter le standard.

A star is born et contre Villard, il réunit quinze mille spectateurs, deux fois plus que le championnat du monde de boxe entre Chérif Hamia et Percy Basset. Europe 1 s'assure l'exclusivité de la couverture radiophonique de ses exploits, et du 24 juin au 18 juillet 1959, la station rend compte, chaque soir, en direct, de ses victoires sur Amor, Guéret, Minissimi, Von Kramer, Delaporte, Casi, Chéri Bibi, Husberg... La France entière, et nous les premiers, se passionne pour des affrontements impitoyables entre ces héros masqués, « justiciers » d'un côté, et « superméchants » de l'autre, sortis tout droit de nos illustrés préférés. Nous n'avons plus, à notre tour, qu'à nous rêver dans la peau de l'un de ces maîtres du ring, distribuant généreusement des manchettes, tordant le bras de notre adversaire avant de lui projeter les pieds joints à la tête... Nos ennemis de cour de récré ont intérêt à bien se tenir !

▲ Soirée extraordinaire hier au Vel d'Hiv' : l'Ange Blanc a été assommé en 6 minutes par un monstre masqué de noir, le 5 mai 1959.
© Keystone-France

▼ Jean Poiret (d.) très menacé par le barbu brun Amor tandis que Michel Serrault tente en vain d'échapper au rouquin Guéret lors de la Nuit des Sports au Vel d'Hiv' de Paris le 26 novembre 1958.
© Rue des Archives/AGIP

Le sport
Le tennis

Le tennisman australien Rod Laver reçoit le trophée de Wimbledon des mains de la princesse Marina le 5 juillet 1968.
© Rue des Archives/AGIP

Le 30 mai 1953, lors des Internationaux de France de Roland-Garros à Paris, le jeune tennisman australien Ken Rosewall, âgé de dix-huit ans, lors du match de finale contre l'Américain V. Seixas. C'est l'Australien qui remporte ce match et les Internationaux de France de tennis cette année-là.
© Keystone-France

La grande épopée des mousquetaires, Borotra, Lacoste, Cochet et Brugnon semble bien loin déjà...

Le tennis français manque de champion, tout comme le reste de l'Europe. Seuls deux pays rivalisent en coupe Davis, les États-Unis et l'Australie, leur domination est écrasante ! De 1950 à 1970, les États-Unis remportent six victoires en 1954, 58, 63, 68, 69 et 70, les Australiens 14. Les grands joueurs australiens se nomment Ken Rosewall et Ashley Cooper. Pendant vingt-cinq ans, Ken Rosewall remporte tous les tournois du grand chelem en simple comme en double à l'exception de Wimbledon où il parvient pourtant en finale à quatre reprises. Du côté américain, Shirley Fry gagne à Roland-Garros en 1951, puis à Wimbledon et Forest Hills en 1956. Frank Sedgman remporte le tournoi de Melbourne en 1949 et 50 puis celui de Forest Hills en 1951 et 52. Il réalise ses plus belles performances en double associé à MacGregor en remportant le grand chelem en 1953. Anthony Trabert dit Tony, un des capitaines de l'équipe américaine de coupe Davis, se distingue à Forest Hills en 1953 et 55, ainsi qu'à Wimbledon cette même année.

Trois joueurs européens parviennent à s'imposer néanmoins : un britannique d'origine polonaise, Jaroslav Drobny ; vainqueur de Wimbledon en 1952, il gagne également à Paris en 51 et 52, puis à Rome en 1950, 51 et 53. Le second est italien, Nicola Pietrangeli, une légende de la coupe Davis, il a participé de 54 à... 72. Sur 164 matchs joués, il totalise 120 victoires ! Enfin, Manuel Santana, l'Espagnol, qui a inscrit à son palmarès 91 victoires sur 119 matchs joués de 1958 à 73 ! Succès auxquels il faut ajouter un titre à Forest Hills en 1965 et un autre à Wimbledon en 1966.

La paire australienne Tony Roche – John Newcombe réalise des prouesses de 1965 à 1976 en remportant 12 tournois du grand chelem : cinq fois Wimbledon, deux fois Roland-Garros, quatre fois l'open d'Australie et une fois US Open !

Un autre grand champion australien, Rod Laver, accomplit l'exploit de remporter le grand chelem en 1962 en tant qu'amateur, et sur le circuit professionnel en 1969 ! Son compatriote, Roy Emerson, totalise 28 titres en grand chelem ! Un record exceptionnel ! Du côté français, Pierre Darmon, parvient en finale à Roland-Garros en 1963, mais il doit s'incliner face à l'invincible Roy Emerson.

L'Australie ne compte pas que des champions masculins, les femmes sont tout aussi brillantes, et en particulier Margaret Court Smith. Elle débute sa carrière en 1960 et enchaîne les victoires jusqu'en 1970, année de sa consécration où elle réussit le grand chelem. Elle reste encore la joueuse la plus titrée au monde. Sa compatriote Lesley Turner excelle sur terre battue et gagne à Roland-Garros en 1963 et 65.

Les Américaines remportent également de nombreux tournois. Althea Louise Brough décroche la victoire quatre fois à Wimbledon, en 1948, 49, 50 et 55. Maureen Connolly, autre grande championne, est la première femme à accomplir le grand chelem en 1953. Billie Jean

La joueuse américaine Billie Jean Moffitt King remporte le tournoi de Wimbledon après la finale contre Maria Bueno le 2 juillet 1966. © Rue des Archives/AGIP

King a un palmarès tout aussi impressionnant avec 25 victoires en simple et double confondus. Doris Hart et Darlène Hard se sont également illustrées dans les tournois du grand chelem au cours des années 50. Une Sud-Américaine, la Brésilienne Maria Esther Bueno a marqué les années 60 : en 1959, 60 et 64, elle gagne à Wimbledon et en 1959, 63, 64 et 69 à Forest Hills. Il faut citer également l'Anglaise Cathy Truman, victorieuse à Roland-Garros en 1959 et pour finir la Française Françoise Durr qui a remporté également le tournoi de Roland-Garros en 1967. ■

La Française Françoise Durr. © Rue des Archives/AGIP

Organisations *de jeunesse*
Les scouts

LES ORIGINES DU SCOUTISME

En 1899, lors du siège de Mafeking, en Afrique du Sud, Baden-Powell, un colonel anglais, a l'idée de créer un corps de cadets âgés de douze à seize ans, chargés d'accomplir des tâches de messagers. Ce sont les premiers scouts. En 1908, dans *Scouting For Boys*, les bases du scoutisme sont établies, le livre devient d'ailleurs un ouvrage de référence.

Le mouvement apparaît en France, en 1911, lorsque les Éclaireurs de France se constituent en association. En 1914, c'est au tour des Scouts catholiques. En 1921, au sein des éclaireurs unionistes d'obédience protestante se forment des sections dites « neutres » donc laïques et en 1923 sont fondés les Scouts israélites.

DES RELIGIONS DIFFÉRENTES, DES VALEURS SIMILAIRES

Ces différents mouvements, quelle que soit leur idéologie religieuse, ont un fonctionnement similaire et tendent tous vers un but commun : celui d'épanouir le jeune, de l'intégrer dans la société tout en lui inculquant des valeurs morales et humanistes. Il doit apprendre à respecter les autres et la nature, afin de construire un monde meilleur.

Le mouvement atteint son apogée après la Seconde Guerre mondiale, et des millions de petits Français vont, au cours des années 50, se coiffer du célèbre chapeau au cri de « toujours prêt ! »

Les enfants se rassemblent par petits groupes, suivant leur âge et leur sexe et sous la surveillance de moniteurs, qui sont très souvent des membres un peu plus âgés. Chaque semaine ils se retrouvent lors de réunions et des activités sont organisées le temps du week-end ou durant les vacances scolaires. Ces organisations se développent essentiellement en milieu urbain. Il est vrai que les petits paysans habitués à la vie en plein air ne souffrent pas d'anémie et surtout durant leurs congés scolaires ne partent pas en vacances, car ils constituent une main-d'œuvre indispensable au bon fonctionnement des fermes : ils gardent les bêtes, ramassent le foin et les fruits et exécutent de nombreuses corvées.

DES VACANCES POUR TOUS

Pour les citadins, le but social du scoutisme est évident, non seulement les gamins ne traînent pas désœuvrés dans les rues, mais ils peuvent enfin découvrir la montagne ou la mer pour la première fois de leur vie. Il s'agit d'un mouvement populaire s'adressant souvent plus aux enfants défavorisés qu'à ceux des milieux bourgeois. Chaque famille peut trouver un groupe sans trahir ses idées. Chez les catholiques, des messes sont dites et des prêtres encadrent les jeunes. Mais si les parents adhèrent au Parti communiste, ils peuvent envoyer leur progéniture dans des sections laïques, voire dans des groupes politisés créés au moment du Front populaire, les scouts « rouges ».

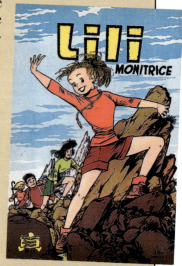

autour de la tente

DISCIPLINE ET LUDISME

La discipline reste très stricte, mais elle ne diffère pas vraiment de celle imposée à la maison, et à part quelques irréductibles rebelles les enfants gardent de ces séjours sous la tente des souvenirs extraordinaires. Les activités, très réduites par rapport à celles proposées aujourd'hui aux jeunes – longues promenades, jeux de pistes, course au trésor… – se passent dans la joie et la bonne humeur. Mais le moment préféré de tous est celui de la veillée autour de l'indispensable feu de camp. On chante alors au son des guitares, des petites saynètes sont improvisées, tandis que des farceurs accomplissent dans la nuit mille facéties : lits en portefeuille, jambes de pyjamas cousues, araignées au fond des sacs de couchage ou encore seaux d'eau glacée qui vous dégringolent dessus. Mais avant tout c'est l'occasion de l'apprentissage de la vie en communauté entre jeunes. Bien des années plus tard, lorsque certains d'entre eux opteront pour des expériences communautaires, au-delà de tout idéal politique, à retrouver ces sensations éprouvées lors de leur enfance ? ■

LES MJC

Au lendemain de la guerre, dans un but de reconstruction, le gouvernement décide de créer sur tout le territoire français la Fédération française des maisons des jeunes et de la culture. Il s'agit avant tout de permettre à tous les Français et en particulier aux plus défavorisés d'avoir accès à la culture, aussi bien grâce à l'alphabétisation qu'aux pièces de théâtre et à l'initiation musicale et artistique. Très vite, des MJC commencent à apparaître aussi bien en ville qu'en milieu rural. Les jeunes se mettent à les fréquenter de plus en plus, ils peuvent ainsi s'y retrouver entre eux, pratiquer des sports ou des activités manuelles et venir le soir écouter des concerts. Les animateurs qui les encadrent se montrent bien différents des autres adultes que jusqu'ici ils fréquentaient. Jeunes, pleins d'allant, ils sont toujours prêts au dialogue et à la complicité. À partir des années 60, s'ils dépendent toujours du ministère de la Jeunesse et des Sports d'un gouvernement ouvertement situé à droite, leur cœur penche souvent vers des idéologies de gauche voire d'extrême gauche. Ainsi, il arrive que de simples rencontres virent au débat passionné et certains jeunes se découvrent dans ces agoras une authentique conscience politique. Au moment de mai 68, les maisons des jeunes et de la culture vont souvent se retrouver au cœur des événements.

▲ *La direction de la Seine a créé des centres aérés pour les enfants parisiens, ici le centre du bois de Boulogne, le 30 juillet 1958.* © Rue des Archives/AGIP

Organisations *de jeunesse*
Le militantisme des ados

▶ *Une du journal L'Écho d'Alger du vendredi 16 mai 1958.* © Rue des Archives/Varma

▲ *Affiche du Parti communiste français, décembre 1961.* © Rue des Archives/Varma

DE DUNKERQUE À TAMANRASSET

« Décolonisation », le maître mot des relations internationales de la France en ces années. La guerre d'Indochine, puis celle d'Algérie pudiquement qualifiée, elle, d'« événements » et d'« opérations de maintien de l'ordre », dominent une actualité hexagonale vouée à la reconstruction et à la reprise économique au cœur de ces Trente Glorieuses.

La Guerre froide entraîne une authentique bipolarisation du monde : d'un côté, les États-Unis, le « camp de la Liberté », encore auréolé d'une image de vainqueur du nazisme et de libérateur de la France occupée, et de l'autre, l'URSS et les pays de l'Est dits « satellites », le « camp du progrès » aux yeux de millions de militants et de sympathisants communistes, le « diable incarné » pour les autres.

Cette opposition diplomatique, et armée par pays et conflits interposés, ne détient pas seulement en France sur la vie politique jusqu'à l'échelle locale, mais au-delà, sur l'ensemble de la vie sociale, associative, culturelle et, naturellement, syndicale.

LA FUREUR DE VIVRE

Le « coup d'État » démocratique du général de Gaulle, le 13 mai 1958, accentue la fracture civile des Français, et nombre d'enfants sont élevés au sein de familles « gaullistes » ou communistes. Le « temps des copains » croise l'activisme anti-colonialiste, et la tournée bon enfant des Chaussettes noires au bled n'évite pas la politisation lente, mais croissante, d'une partie de la jeunesse. Si beaucoup ne se soucient que de leur prochaine surprise-partie, d'autres approchent les organisations de jeunesse des partis de gauche voire d'extrême gauche.
Le 8 février 1962, la police charge une manifestation populaire anti-OAS à Paris. Les neuf morts de Charonne concourent à cette prise de conscience et à l'image autoritaire et paternaliste du régime.

TOUS À LA NATION !

Le 24 juin 1963, cent cinquante mille jeunes se rassemblent dans la capitale, place de la Nation, à l'appel d'Europe n°1, la station de *Salut les copains*, l'émission de Frank Ténot et Daniel Filippachi. Le concert des « idoles » vire à l'émeute. La presse se déchaîne, Philippe Bouvard assimile l'événement aux rassemblements du IIIe Reich ! Edgar Morin sauve l'honneur de l'intelligentsia française et dessine, dans *Le Monde*, une analyse du phénomène. Le pays découvre ses teenagers et sa culture juvénile, et

▲ *Manifestation anti-OAS à Paris, le 8 février 1962. Quelques dizaines de minutes plus tard, la répression policière à la hauteur du métro Charonne fera neuf morts.* © Rue des Archives/Gérald Bloncourt

▲ *Cortège des camarades du jeune Daniel Ferx, une des neuf victimes de Charonne, lors de son enterrement à Paris, le 13 février 1962.* © Rue des Archives/AGIP

Morin de souligner que « l'adolescence surgit en classe d'âge [...] sous la stimulation permanente du capitalisme de spectacle et de l'imaginaire ».

« HÔ-HÔ-HÔ CHI MINH »

Les JC (Jeunesses Communistes) et l'UEC (Union des Étudiants Communistes) proches du PCF, les JCR (Jeunesses Communistes Révolutionnaires) et la FER (Fédération des Étudiants Révolutionnaires) liées à la IVe Internationale trotskyste, ainsi que les pro-Chinois de l'UJCML (Union des Jeunesses Communistes Marxistes-Léninistes), essaient perpétuellement d'embrigader les adolescents les plus radicaux.

Au-delà de leurs discours, les figures de Fidel Castro et, plus encore, d'Ernesto « Che » Guevara alimentent un certain « romantisme révolutionnaire ». La guerre du Vietnam entretient, elle, la contestation de l'*american way of life* même si cette critique se nourrit allègrement, pour partie, du mouvement underground américain. Le *Summer of love* de San Francisco médiatise d'un coup, en 1967, un mouvement hippie dont rêvent, ici, les premiers « enfants fleurs ».

« CHANGER LA VIE, TRANSFORMER LE MONDE »

À pareille époque, la brochure des jeunes situationnistes de Strasbourg, *De la misère en milieu étudiant*, diffusée, en quelques mois, à plusieurs dizaines de milliers d'exemplaires sur les campus et au sein des lycées, annonce l'insurrection du printemps 1968. Lycéens et étudiants se soulèvent contre le général de Gaulle devenu la personnification honnie d'un régime et, surtout, d'une société jugés réactionnaires et vieillissants. La charge, souvent apolitique, des yé-yé contre les « croulants » trouvait là son prolongement révolutionnaire ! ■

La cour de la Sorbonne occupée, mai 68.
© Rue des Archives/AGIP

▲ *Rassemblement d'un groupe d'étudiants contestataires à Prague, au printemps 1968.*
© Rue des Archives/Tal

◄◄ « La télévision, c'était l'État dans la salle à manger. » écrira lui-même, en 1976, l'ancien ministre de l'Information du général de Gaulle, Alain Peyrefitte. © Rue des Archives/Varma

▲ *Manifestation place de la Concorde contre la venue du vice-président américain Hubert Humphrey à Paris et pour protester contre la guerre au Vietnam, le 8 avril 1967.* © Rue des Archives/AGIP

▲ *Rassemblement de la jeunesse communiste à Waziers, dans le Nord, le 14 avril 1957.* © Rue des Archives/Gérald Bloncourt

La révolte *en images*

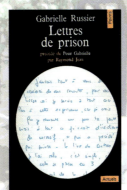
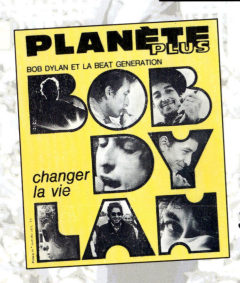

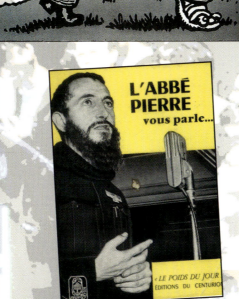
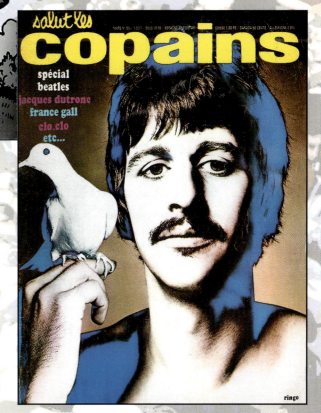

Révolution *sexuelle*

Les symboles

▼ *Ursula Andress dans* James Bond contre le Dr No *(1962) de Terence Young.*
© Rue des Archives/BCA

CACHEZ CE SEXE QUE JE NE SAURAIS VOIR !

Paris-Hollywood, un nom de code, ou presque, le sésame vers des contrées insoupçonnées et insoupçonnables pour la majorité d'entre nous, au cœur d'une époque où le puritanisme laïc et républicain de la gauche française renforçait la censure des « bien-pensants » et du clergé. *Paris-Hollywood,* le bimensuel « interdit à l'affichage et à la vente aux mineurs de dix-huit ans ».

La loi du 16 juillet 1949, dite de « protection de la jeunesse », née de l'entente cordiale à l'Assemblée nationale entre la gauche et la droite de l'hémicycle, avait entraîné un rigoureux filtrage des publications et, en conséquence, l'interdiction de nombre d'entre elles. Acheter ou « chaparder » au kiosque un numéro de l'une de ces revues « légères » destinées aux adultes, passées entre les mailles des censeurs, vous assurait, en ces années, la « camaraderie » soudaine de la plupart de vos condisciples. Revendues ou échangées, les pages arrachées de ces jeunes femmes dévêtues à la toison pubienne masquée à la gouache valaient, à l'unité, bien des agates.

L'ÉCRAN DES MANIAQUES

À côté de ces chairs de papier, les divas du cinéma populaire excitaient nos fantasmes dans les salles de quartier ou de grands boulevards. Il nous en fallait bien peu, il faut dire que l'on ne voyait presque rien. Un décolleté pigeonnant, des jambes furtivement dénudées et, dans le meilleur des cas, un corset ou une guêpière vous transportaient littéralement dans une autre dimension...

Le péplum ou les films de pirates et de cape et d'épée vous réservaient, à cet égard, pas mal d'opportunités. BB arriva enfin. Après la Martine Carol de *Caroline chérie,* Bardot sut assu-

rément dévoiler ce qu'il fallait au bon moment. Cela lui assura un succès sans égal, et Bardot dynamita avec son corps pour seule arme les conventions en érodant un peu plus à chaque film la patience de la commission de censure. De *Et Dieu créa la femme* à la chanson *Je t'aime moi non plus* (enregistrée et non commercialisée à l'époque), elle anticipa

▲ *La stimulante bombe cubaine Chelo Alonso dans* Capitaine Morgan *(1960) d'André de Toth.*

Jodelle, créée en 1966 par Guy Peellaert, appartient à la nouvelle génération des héroïnes supérérotisées qui naquirent en France à la suite de la révolution sexuelle.
© Guy Peellaert

Jane Fonda dans Barbarella *(1968) de Roger Vadim.* © Rue des Archives/KPA

et accompagna la formidable « révolution sexuelle » qui balaya, du moins en apparence, deux mille ans de morale judéo-chrétienne.

« FAITES L'AMOUR PAS LA GUERRE ! »

Antoine réclamait dans ses « Élucubrations » (1966) « la pilule en vente libre », l'année suivante, la revendication devenait réalité. « Dans l'histoire de la libération des femmes, écrira André Bercoff, la pilule est beaucoup plus importante que le 14 Juillet, la révolution d'Octobre et le droit de vote réunis. » Les filles « respectables » se devaient, en effet, de rester vierges jusqu'au mariage. Un interdit auquel échappaient, comme par hasard, les garçons. La prégnance de la morale chrétienne réservait l'acte amoureux, jusqu'au plus profond des consciences laïques, à des fins de procréation. Un formidable élan de libération des mœurs semblait prendre forme et suscitait du même coup de violentes charges polémiques. Souhaité ou condamné, ce prétendu « dérèglement des sens » se nourrissait de « l'exemple scandinave », du *Summer of love* californien, des libertés prises par les stars du rock, et du développement du cinéma (José Bénazeraf...), de la littérature (Emmanuelle Arsan...) et de la bande dessinée (*Barbarella* de Jean-Claude Forest ou *Jodelle* de Guy Peellaert...) « pour adultes ».

INTERDIT D'INTERDIRE

L'hypocrisie et les interdits avaient nourri la révolte, et le « printemps des enragés » démarra sur l'exaspération des étudiants et des étudiantes de ne pouvoir se rendre visite mutuellement dans les Cités Universitaires. Qui put alors s'étonner de voir les séditieux graffiter sur les murs : « Plus je fais l'amour, plus j'ai envie de faire la révolution ; plus je fais la révolution, plus j'ai envie de faire l'amour », et 69 devenir une « année érotique »...

Le mouvement entraîna cette « parenthèse enchantée », ces années d'« amour libre » avant l'arrivée du Sida, mais entre les signes extérieurs de libération et la modification des consciences, la route s'avérait longue et sinueuse. « Mai 68, déclara un jour Félix Guattari, a peut-être libéré des attitudes militantes mais pas les cervelles qui restaient complètement polluées et qui ont mis beaucoup plus de temps à s'ouvrir sur ces questions de folie, d'homosexualité, de drogue, de délinquance, de prostitution, de libération de la femme, etc. » ∎

Actualité *les images clés*

1953 : la Reine Elisabeth II est assise sur le trône de St Edward et porte la couronne d'Angleterre après qu'elle eût été placée sur sa tête par l'archevêque de Canterbury. © Keystone-France

Le 23 octobre 1956, sur la place Jozef Bem, la population de Budapest abat de son socle la statue de Staline de 7 m de haut. C'est le signal de l'insurrection hongroise pour la libéralisation du régime par rapport à Moscou à la suite de la campagne de déstalinisation amorcée par Khrouchtchev qui provoque notamment la destitution du stalinien Rakosi à la tête de la Hongrie. Cette révolte est écrasée dans le sang par les blindés soviétiques. © Keystone-France

La littérature populaire, ici avec Cecil Saint-Laurent, embrasse la décolonisation de l'empire français.

L'avenue du Congo-Belge, dominée par le symbole de la position « l'Atomium » à l'exposition internationale de Bruxelles le 21 mars 1958. © Rue des Archives/AGIP

Le 1er juin 1958, à Paris, le général de Gaulle prononce un discours à la tribune de l'Assemblée nationale lors de son investiture en tant que nouveau président du Conseil. Le 29 mai, l'ancien président René Coty a fait appel au général pour former un gouvernement de salut national et réformer les institutions suite à l'instabilité parlementaire de la IVe République et sa difficulté à en finir avec les événements d'Algérie. © Keystone-France

Le 8 janvier 1959 à la Havane (Cuba), Fidel Castro, Premier ministre du gouvernement révolutionnaire cubain, prononce son premier discours de célébration du triomphe de la révolution castriste dans le camp militaire de Columbia. Derrière lui se tient le major Camilo Cienfuegos. © Keystone-France

6 juin 1961, le chantier de l'édification du mur de Berlin. La construction de ce mur devait empêcher les afflux trop importants des habitants de l'Est à l'Ouest. © Keystone-France

22 avril 1961, au lendemain du Putsh des généraux, la foule massée sur la place du Forum à Alger est contenue par les parachutistes. © Keystone-France

Le président John F. Kennedy avec le gouverneur du Texas John Connally (centre) et Jackie Kennedy (derrière Connally) dans sa voiture décapotable quelques minutes avant son assassinat à Dallas, Texas le 22 novembre 1963. © Rue des Archives/Tal

Marilyn Monroe sur le tournage de Something's Got To Give de George Cukor qui restera inachevé en raison de sa mort le 5 août 1962. © Rue des Archives/BCA

Révolution culturelle : jeunes gardes rouges avec leur fanatisme pour Mao et le livre rouge vers 1966. © Rue des Archives/BCA

La rue Gay-Lussac à Paris au lendemain de la fameuse nuit du 10 mai 1968. © Keystone-France

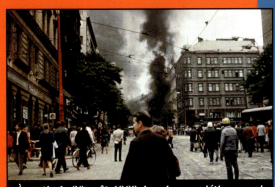

À partir du 20 août 1968, les chars soviétiques arrivent à Prague pour réprimer la tentative de démocratisation de la Tchécoslovaquie. Le Printemps de Prague, cette politique de réforme dirigée par Alexander Dubcek par rapport à la chape de plomb soviétique, fut réprimé par l'URSS et les pays du Pacte de Varsovie. © Keystone-France

Du 15 au 17 août 1969, un demi-million de spectateurs se ruent au festival de Woodstock. La presse parle du « plus grand happening de l'histoire ». © Rue des Archives/BCA

Mode

La mode des enfants dans les années 50

© Keystone-France

CULOTTE COURTE ET BÉRET PLAT

Qu'il pleuve ou qu'il vente, la culotte courte est de rigueur pour les garçonnets, seules des chaussettes hautes, souvent à carreaux, protègent leurs jambes des intempéries. Comme leurs aînés l'ont fait avant eux, tous portent le fameux béret plat, devenu pour toutes les autres nations le signe représentatif du Français. L'hiver, une pèlerine épaisse les réchauffe et de grosses chaussures montantes leur permettent de braver les flaques d'eau.

LES CHAUSSURES : UN SIGNE DE DISTINCTION SOCIALE

Dans les campagnes, il n'est pas rare de voir encore, au tout début des années 50, des petits paysans chaussés de sabots en bois. La guerre a appauvri bien des familles et le cuir reste une matière rare et chère. Chez les citadins, en particulier dans les familles aisées, les garçons enfilent, dès le beau temps revenu, d'élégantes sandalettes blanches à lanières.

DE BIEN « TRISTOUNETS » VÊTEMENTS QUOTIDIENS

Les jours d'école, les longues blouses de coton noires ou grises recouvrent même la culotte courte, et ne laissent apercevoir que les

jambes maigres d'enfants encore soumis aux privations et aux carences alimentaires. Les mères raccommodent au mieux des vêtements de tous les jours qu'il faut faire durer au maximum, et en cas d'accroc, tant pis pour le maladroit, une grossière reprise suffit amplement, elle sera souvent précédée d'une fessée. Les teintes des habits restent bien tristounettes, le noir et le gris sont légion, parfois quelques audacieux osent le marron.

LA TENUE DU DIMANCHE

Le dimanche une tenue spéciale est sortie du placard, costume en velours, chemise et cravate paraissent indispensables. À la moindre occasion, on s'habille, le nœud papillon et les chaussures vernies empêchent alors les pauvres

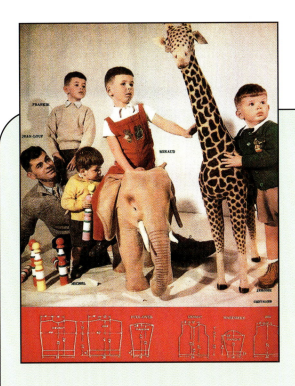

gamins de courir à leur guise.

LA GARDE-ROBE S'ÉGAIE ET S'ÉTOFFE

Peu à peu, le pouvoir d'achat des Français commence à augmenter, et une des priorités principales des mères consiste à vêtir de façon beaucoup plus élégante leurs enfants. La garde-robe se garnit de plusieurs tenues et les chemises prennent de la couleur voire, comble de la fantaisie, adoptent l'écossais ou le vichy !

LE RÈGNE DES ROBES

Depuis toujours, les fillettes semblent privilégiées par rapport à leurs frères. D'un simple coupon, les mères arrivent à coudre de mignonnes petites robes assorties de bloomers et de fioritures pour les cheveux. Il est possible à nouveau de trouver des métrages de tissu, ils se déclinent dans des coloris variés et des matières nouvelles, comme le nylon, font leur apparition. Classique parmi les classiques, la robe à smocks se porte en toute occasion. Elle se fait toute simple pour les jours d'école, dans une cotonnade bleue ou rose avec un sage col Claudine, mais elle peut s'endimancher avec des petites manches ballon, de la dentelle autour du cou, des broderies sur son empiècement.

AMIDON ET PETITES DENTELLES

Les jours de grandes fêtes, les enfants se transforment en authentiques poupées. Rien ne rebute les mères, ni la peur du mauvais goût, ni le coût du tissu. Des jupons amidonnés gonflent la jupe, des matières lourdes comme le velours ou le taffetas sont utilisées pour les robes, les gants s'assortissent aux chaussettes, des nœuds garnissent des coiffures sophistiquées. Les pieds se trouvent martyrisés dans des chaussures vernies à petits nœuds. L'hiver, on recouvre ces excès vestimentaires par des manteaux au col de velours.

LE RÉVOLUTIONNAIRE COLLANT

En 1958, une autre nouveauté va transformer la vie des petites filles : le collant. Fini les lourds bas de laine qui tombent à tout bout de champ, terminé les socquettes légères qui ne vous protègent pas les jambes les jours de mauvais temps. On peut maintenant sauter et courir sans montrer sa culotte, les jupes se portent courtes et les mères veillent. C'est la première fois que les filles se sentent à l'aise et cette liberté toute neuve va très vite les pousser vers une autre bataille, celle de la conquête du pantalon. Elles la gagneront en moins d'une décennie. ■

Mode

La mode des adolescents dans les années 60

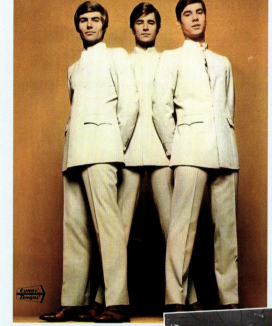

LES MINETS

Une chemise Perry ou Lacoste et un jean – blanc de préférence et de marque Levi's naturellement – pour les plus cool, un costume souvent de chez Renoma, un trench-coat Burberrys et des mocassins Weston pour les plus chics, les « minets » affichent une élégance insolente dès l'orée des années 60. À mesure que les « mods » anglais lorgnent vers la mode française et la culture continentale, leurs premiers équivalents réunis à Paris, autour de la place de l'Étoile, du Drugstore des Champs-Élysées au Relais Chaillot, rêvent de la tradition britannique et de ses griffes les plus célèbres – Burlington, Westaway and Westaway... Veste sans fente voire à une fente ou à deux, boots Manby et bientôt Anello & Davide – les fameuses Beatle boots... –, sans omettre les indispensables accessoires – foulard Liberty, lunettes de soleil Ray-Ban... –, les minets donnent le la, et influencent de manière plus ou moins directe quantités d'adolescents, des beaux quartiers avant tout, mais par effet de capillarité de milieux divers, et à terme et à travers la presse et les vedettes, jusqu'aux extrémités de l'Hexagone. Marqués par le cinéma américain et la pop music d'outre-Manche, les minets demeurent extrêmement attentifs aux évolutions vestimentaires de leurs icônes. Délaissant la robe vichy à la Bardot, les filles se risquent à porter le pantalon – un corsaire ou un jean à large revers à la manière de Mamie van Doren ou de Gillian Hills, ces audacieuses « adolescentes » découvertes dans les séries B américaines destinées à la jeunesse. Quant aux cheveux, l'objectif de nombre d'entre elles reste l'abandon pur et simple de la queue-de-cheval, encore trop souvent imposée, au profit d'une coupe à la Jean Seberg. Seberg et Belmondo, la classe désinvolte du couple vedette d'*À bout de souffle* de Jean-Luc Godard fascine durablement bien des ados, même si pour le plus grand nombre et en pleine vogue yé-yé, c'est du côté de Johnny et Sylvie que se mesure la tendance à adopter. ■

Twist dans les années 60. © Rue des Archives/AGIP

▼ *Marlon Brando dans* L'équipée sauvage *(1953) de Laszlo Benedek.* © Rue des Archives/FIA

▶▶ *À l'occasion de son retour, en 1968, Elvis Presley, endosse, le temps d'un show télé, l'armure de cuir noir de Gene Vincent et Vince Taylor.* © Rue des Archives/BCA

LES ROCKERS

James Dean et Elvis Presley, Marlon Brando et Gene Vincent... le cinéma et la chanson fournissent à travers leurs vedettes juvéniles les attributs obligatoires de la jeunesse révoltée. Blouson noir, tee-shirt blanc, blue-jean, ceinturon et bottes de motard, l'uniforme se dessine. Les rockers revendiquent ainsi leur passion musicale, et conteste le « bon goût » en usage en endossant les oripeaux des voyous stigmatisées sous l'appellation générique de « blousons noirs ». La France a peur, les sociologues s'échinent à analyser les motivations et les tendances dominantes de cette nouvelle classe d'âge, « les adolescents ». À la volonté d'innover des « minets » et autres yé-yé, les rockers, les « vrais » comme ils aiment à se définir, opposent l'invariance de leur tenue. La seule incartade possible serait l'adoption, provisoire et pour circonstances exceptionnelles, de l'un de ces fameux blousons Teddy, rouge à manches de cuir blanc, comme celui de James Dean dans *La Fureur de vivre*. Une incartade des plus virtuelles... Comme pour les Santiags, les classiques bottes mexicaines aperçues elles-aussi au cinéma, il faudra attendre encore quelques années avant de les voir importé dans nos contrées. Souvent outrageusement maquillées, les filles en revanche, rivalisent d'élégance afin de plaire à l'élu de leur cœur. La féminité s'aiguise et Bardot reste un modèle. Ses robes Vichy et ses choucroutes suscitent encore d'innombrables émules. Assise en amazone à l'arrière de la mobylette, du scooter voire de la moto, ces adolescentes se nourrissent du glamour made in Hollywood découvert dans les salles de quartier et les magazines de cinéma, et tentent de transposer cette élégance à l'aune de leurs moyens. Insensibles à la mode des créateurs et des saisons, les rockers « résistent », au fil des ans, leur code vestimentaire s'impose auprès d'une écrasante majorité de jeunes. ∎

▲ *Vince Taylor et les Play-Boys devant la gare du Nord à Paris, 1961.*
© Rue des Archives/AGIP

Mode
La mode des adolescents dans les années 60

▶▶ *Romy Schneider dans les années 50.* © Rue des Archives/CSFF

▲ *Mannequins portant des manteaux de fourrure lors du Prix de L'Arc de Triomphe à Longchamp le 4 octobre 1953.* © Rue des Archives/AGIP

DU LAPIN SINON RIEN !

Comment pourrait-on imaginer aujourd'hui qu'une gamine puisse casser sa tirelire pour acheter un manteau en poils de lapin ? La plupart des jeunes crieraient au crime, les autres ricaneraient sur la ringardise de l'acte. Pourtant, combien d'adolescentes ont fantasmé des heures durant devant la vitrine du fourreur, tandis que deux pas plus loin leurs mères soupiraient devant les visons et les renards bleus. Même les chanteuses à la mode s'affichaient dans la presse musicale en petit blouson ou en longs manteaux assortis de toques en lapin. Celles-ci avaient certainement les moyens de s'offrir des fourrures bien plus chères, mais il fallait cibler leur public et elles se mettaient au niveau de la bourse de leurs fans. Heureusement, un vent de contestation allait secouer les consciences. Il fallait libérer les femmes et sauver nos chers rongeurs de leurs rêves assassins. Brigitte Bardot œuvra très tôt dans les deux sens, elle se mit à guerroyer pour défendre la cause animale, et quitta sa célèbre petite robe de vichy rose pour se vêtir de corsaire moulant. Le pantalon, tout doucement rentrait dans les mœurs. Il ne se fit pas tout de suite jean, la rude toile des cow-boys restait l'apanage des garçons, il s'agissait de prouver aux pères que leur charmante petite fille, devenue une jeune fille sans qu'ils aient eu le temps de s'en apercevoir, pouvait rester féminine tout en portant le pantalon. ■

▼ La chanteuse Sheila s'affiche au profit de sa ligne de vêtements, Paris, 1967.

▶▶ En février 1967, Mary Quant présente sa ligne Viva Viva dont sont revêtus les deux mannequins qui l'entourent. © Keystone-France

« TOUT EST MINI DANS CETTE VIE... »

Les femmes ont toujours eu une manière bien à elles de faire leur révolution. Fi des tueries et des tortures, leurs armes sont toujours plus subtiles. Ainsi se libèrent-elles du monde machiste en détournant habilement les contraintes vestimentaires qui leur sont imposées, il suffit de se pencher sur les illustrations d'un manuel d'histoire pour comprendre le sens même de leur démarche. Montrer leurs chevilles leur est interdit, elles font jaillir leur poitrine de décolletés pigeonnants. Dans la première partie du XXe siècle, seules quelques rares audacieuses osent porter le pantalon. Très vite, elles comprennent la liberté que celui-ci peut leur octroyer, il faut donc le faire rentrer dans les mœurs. En 1964, l'Anglaise Mary Quant trouve un moyen imparable de l'imposer, puisqu'il passe pour indécent aux yeux d'une société puritaine et conservatrice : elle invente la mini jupe, mille fois plus provocante. La mini devient l'emblème d'une jeunesse sans complexe, qui brandit cette minuscule banderole pour conquérir une immense liberté. Paco Rabanne, Courrèges, Dior la subliment en la transformant en objet d'art. Cotte de mailles sexy, décorée de motifs géométriques de couleur, des mannequins au corps d'adolescente la promènent sur les pages des magazines du monde entier. Les lolitas s'encanaillent, elles portent des chaussettes jusqu'en haut des cuisses pour paraître plus sages, mais celles-ci deviennent comme l'écrit Gainsbourg des calices à leur beauté. La mini fait scandale, mais jamais un scandale n'a été aussi beau, il suffit pour cela de regarder les photos de Françoise Hardy, de Twiggy ou d'Amanda Lear. Quel soupir de soulagement pour les familles lorsque les jeunes filles vont enfin recouvrir leurs jambes d'un pantalon protecteur. ■

◀◀ Présentation de la nouvelle collection hiver de Paco Rabanne 1967.
© Rue des Archives/AGIP

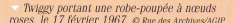

▼ Twiggy portant une robe-poupée à nœuds roses, le 17 février 1967. © Rue des Archives/AGIP

▲ Britt Eckland lors d'une conférence de presse à l'hôtel Dorchester, Londres, 1969. © Rue des Archives/AGIP

Mode

La mode des adolescents dans les années **60**

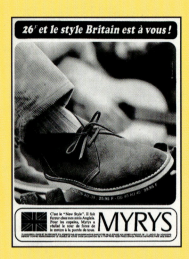

▲ Le 2 septembre 1964, ce lycéen anglais se voit inscrit d'office chez les filles à cause de sa longueur de cheveux... © Rue des Archives/AGIP

▲ Antoine se joue des symboles. En 1966, les cheveux longs permettent d'afficher sa contestation.
© Rue des Archives/Giovanni Coruzzi

LE BEATNIK

L'ado beatnik doit se préparer à faire la route, ce soir, demain si l'occasion se présente, il prendra son vieux sac à dos et partira avec quelques copains pour Katmandou. Ainsi, il est toujours prêt. Cela tombe bien, il n'y a pas très longtemps, il était scout, alors les bivouacs, il connaît, l'inconfort, il a déjà donné, la marche à pied, il l'a pratiquée. La vie en communauté n'a pas de secret pour lui, tous les étés dans des camps de jeunesse laïques ou catholiques, il s'y est adonné, ce dont il ne veut plus, ce sont les curés et leurs théories ou les moniteurs tout aussi moralisateurs. Lui, il cherche la liberté, et la liberté passe par ses vêtements. Il faut qu'au premier coup d'œil, ses « vieux » comprennent qu'il est prêt à partir pour la « longue marche ». Il n'est pas majeur, et alors ! Il leur a déjà prouvé qu'il sait dire non. À partir de 1966, sur le modèle d'Antoine et de Polnareff, il abandonne les cravates et les mauvais complets du dimanche. Finie la raie sur le côté, ses cheveux sont longs et parfois sales, il doit déjà apprendre le sens du sacrifice. En voyage, il n'est pas toujours facile de se laver, alors il commence sa préparation psychologique, il se lave le moins souvent possible. Il ne faut pas s'attacher aux biens matériels, ses vêtements déchirés ou rapiécés le prouvent. Les nourritures intellectuelles sont plus importantes que les terrestres, le candidat beatnik se doit d'être maigre voire famélique. Le soir, il s'enferme dans sa chambre avec une bande de copains. Ils fument des feuilles d'eucalyptus en écoutant les *protest songs* de Bob Dylan et de Leonard Cohen. Mais parmi ces ados à la pensée politique balbutiante, si certains rentreront dans le système, d'autres prendront un jour véritablement la route, leurs rêves et leurs fantasmes d'ados deviendront réalités. Ils les mèneront vers d'autres mondes. Leurs chemins seront parfois semés d'embûches, mais ceux qui en réchapperont reviendront plus forts que tout. ■

▶ Le chanteur Sullivan, archétype de la fashion victim version pop, Paris, 1967. © D.R.

▶ Un parfum de science-fiction signé Paco Rabanne. © Rue des Archives/AGIP

LES DANDYS POP

1966, Brummell se réincarne de l'autre côté de la Manche, entre King's Road et Carnaby Street. Bazaar, Lord John, Biba... ces noms de boutique font rêver. Une poignée de jeunes créateurs se sont rassemblés et offrent à prix variables toutes les audaces réservées jusque-là, à une élite, en particulier celle des *pop stars*. Les Beatles, les Stones ou les Kinks n'auront qu'à bien se tenir, désormais des milliers de petits Brian Jones ou Keith Richards peuvent naître au coin de la rue. Uniformes militaires et redingotes, chemises à jabots et pantalons moulants, sans oublier les boots à talon plus ou mois haut, pour les garçons, mini jupes ou robes courtes pour les filles, les adolescents trouvent un spectre alliant les audaces les plus récentes aux « excentricités » du passé. Soucieux de rester dans le coup, certains jeunes Français n'hésitent pas à faire le voyage. Mais pour la majorité, faute d'argent et surtout de l'autorisation des parents, les tenues se composent à deux pas de chez soi. Souvent du côté des puces. Les vitrines de certains magasins, les photos dans les magazines et une poignée de films – Ah ! *Les Idoles* de Marc'O – éduquent le goût. Hélas, dans la pratique, ce dernier s'édulcore. Difficile de se rendre au lycée habillé comme Barbey D'Aurevilly – surtout en province ou en banlieue. Et les merveilles signées Paco Rabanne ou Jean Bouquin restent inabordables pour le commun des mortels. Qu'importe, une chemise à fleurs comme Antoine ou des lunettes comme Polnareff ouvrent la voie. Le dandysme est avant tout affaire d'attitude. En cette deuxième moitié des sixties, la France reste grise à l'instar des costumes anthracite que portent encore nombre d'adolescents. L'arc-en-ciel pourtant apparaît, la révolution pop est en marche... ■

▶ Un peu d'argent et beaucoup d'imagination... ou le dandysme réincarné. © Keystone-France

▲ L'Op-art déjà accessible chez Monoprix...

Musique

La chanson enfantine dans les années 50

Le 12 avril 1961, au cours d'un spectacle, Henri Salvador commente l'enregistrement de ses rires. © Keystone-France

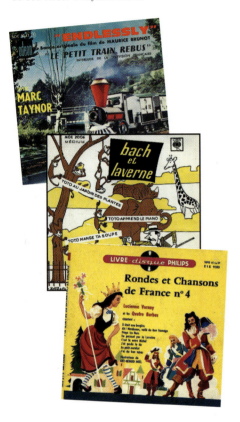

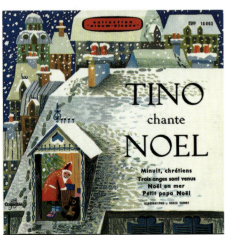

UNE CHANSON DOUCE...

« ... que me chantait ma maman ». Ses mots tendrement susurrés ont bercé tellement d'enfants du baby-boom... Dieu que nous aimions cette berceuse d'Henri Salvador, surtout interprétée par notre mère.

Noël, moment d'enchantement, nous offrait d'autres joies musicales. À côté des chants religieux, d'autres incantations plus païennes emportaient notre enthousiasme. Après Berthe Sylva – *Bonhomme Noël* (1930) et son *Joujou de Noël* (1934) –, Jean Lumière – *Noël de France* (1941) –, Priolet – *Le Noël des gueux* (1942) –, Lucienne Boyer – *Je ne crois plus au Père Noël* (1943)... Tino Rossi, le chanteur corse, idole des Français, entonne dans le film *Destin* (1946) de Richard Pottier, dont il est l'interprète, une petite mélodie qui va faire sa fortune et le bonheur annuel de millions d'enfants. Deux ans plus tard, le chanteur enregistre la version la plus célèbre de *Petit Papa Noël*, vendue à plus de 30 millions d'exemplaires...

Dans les années 50, on respecte le mythe du père Noël... Les Compagnons de la chanson chantent sagement *À Noël* (1949), Yvette Giraud, *Joyeux Noël* (1956). Comble de l'audace – relative – *Le Noël des enfants noirs* (1956) de Charles Trenet : « Mais une chose les tourmente/Pourquoi sur la terre d'Afrique/Le Bon Dieu est-il blanc ? »

PETITS ET GRANDS

« Dis monsieur, bon monsieur est-ce que la terre est ronde ?/Si c'est vrai l'oiseau bleu où est-il dans le monde ?/Tous les jours je suis là et pleure en l'attendant/Pleurais-tu comme moi quand tu étais enfant ? » chantait la petite Tania, et son papa, le comédien Eddie Constantine, de lui répondre : « Mon enfant, mon enfant, c'est vrai la Terre est ronde/Et longtemps j'ai cherché l'oiseau bleu dans le monde/Comme toi j'ai pleuré en tendant mes deux bras/Mais pour toi j'en suis sûr un beau jour il viendra. » Ces paroles de René Rouzaud émurent petits et grands et *L'Homme et l'Enfant* (1955) se hissa au sommet des ventes.

Les succès donnent des idées. Faire enregistrer les trésors du patrimoine à des enfants, la recette se devait d'attirer d'ingénieux directeurs artistiques. Fille de Perette Souplex et donc petite-fille de Raymond Souplex, l'immortel inspecteur Bourrel des *Cinq Dernières Minutes*, Isabelle dite Zabou, venue un jour accompagner son grand-père dans les studios de RCA, grava de sa voix zozotante *Isabelle raconte le Petit Chaperon Rouge* et *La Belle au Bois dormant*. Les

ventes s'envolèrent et l'enfant enregistra l'année suivante *Le Corbeau et le Renard*, *Le Loup et l'Agneau*, *La Cigale et la Fourmi* et *Le Lièvre et la Tortue*... Le filon entraîna la sortie de *Barbe Bleue*, *Le Chat botté*, *Le Petit Poucet*... jusqu'à l'angoissante mue programmée de l'adorable enfant aux nattes.

À L'OMBRE DES JEUNES FILLES EN FLEURS...

Maman vient de terminer
L'histoire du cow-boy Johnny
Petit Pierre l'a écoutée
Et s'est endormi...

Johnny Boy, Marie-Josée Neuville

En 1955, à l'occasion de la Kermesse aux étoiles, la jeune Marie-Josée Neuville, âgée de seize ans, se présente à un concours d'amateurs, coiffé elle aussi de deux nattes... Elle décroche le premier prix avec sa chanson *Une Guitare et une vie*. Pathé Marconi l'engage, elle devient la « Collégienne de la chanson ». La couverture de *Paris-Match* (24 mars 1956), deux Olympia (mars et octobre 1956), Bobino (mars 1957), un 25 cm... tout sourit à la jeune fille aux allures sages. La censure de l'époque s'inquiète pourtant des tournures de certains textes. *Le Monsieur du métro* et *Nativité* sont jugés trop osés. « Diffusion interdite par le Comité d'Écoute ». D'aucuns ne manquent pas, il est vrai, de souligner l'ambiguïté charmante de certaines de ses chansons aux titres joyeusement équivoques – *On voudrait... on n'peut pas* ou *Par-derrière ou par-devant*. Et Pierre Hiegel de préciser au dos de son premier super 45 tours (1956) : « Voici de la jeunesse... de la vraie ! Pensez ! dix-sept ans ! Une écolière encore, un clair visage, qu'aucun maquillage n'a terni ni sophistiqué, deux grandes nattes bien sages. [...] Toute rose encore de ses premières émotions, elle prélude, elle chante, et nous partons avec elle. [...] Il n'y a qu'à se laisser aller sans tricherie et souhaiter d'avoir et de garder le souffle nécessaire pour suivre Marie-Josée Neuville dans le vrai sentier de la jeunesse. » Marie-Josée, ancêtre des Sylvie, Françoise, France et autres lolitas yé-yé que nul n'ose encore imaginer... ∎

▼ *Les poupées Peynet dans le vent...*

◄◄ *La chanteuse Marie-Josée Neuville signe des autographes au Salon de la radio et de la télévision à Paris, 1956.*
© Humanité/Keystone-France

Musique 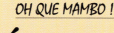 pour adolescents dans les années 60

OH QUE MAMBO !

É chappés des berceuses et autres comptines, nos premiers souvenirs, magie de la musique, mêlaient le prince de l'opérette Luis Mariano et son concurrent Georges Guetary, le désopilant Dario Moreno et l'inusable Annie Cordy, la langoureuse Dalida et l'entraînant combo de Marino Marini, l'énergique « Monsieur 100 000 volts » Gilbert Bécaud et le *crooner frenchie* Charles Aznavour… Soudain, un rythme endiablé résonne d'outre-Atlantique dans nos TSF.

ENFANTS DU ROCK… ET DU CHÂTELET

Depuis 1954, et *Rock Around The Clock* de Bill Haley et les Comets – la BO du film de Richard Brooks *Graine de violence* –, le rock'n'roll a embrasé la planète entière. Et le rock – bâtard du jazz dixieland, du blues noir, du rhythm'n'blues et de la country – de Fats Domino, Jerry Lee Lewis, Buddy Holly, Little Richard, Eddie Cochran, Gene Vincent… et naturellement du « Pelvis » Elvis Presley a dynamité l'ensemble de la musique blanche.

En France, ses interprètes se nomment Henri Salvador alias Henry Cording, Mac-Kac, Moustache, Jack Diéval, Alix Combelle, Johnny Rock Guitare (Marcel Bianchi) voire le temps d'un titre… Magali Noël, Colette Renard, Georges Ulmer, Eddie Constantine, Annie Cordy, Line Renaud, Georges Guetary, et même Roger Pierre et Jean-Marc Thibaud. D'incontestables réussites souvent, mais aucune n'emporte l'adhésion des jeunes. Ils attendent des chanteurs de leur âge. Danyel Gérard – *D'où viens-tu Billy Boy* – et Claude Piron – futur Danny Boy – ouvrent le bal. Richard Anthony aussi avec son adaptation de *Peggy Sue* (1958) et surtout, deux ans plus tard, avec une prophétique *Nouvelle Vague*…

D'OÙ VIENS TU JOHNNY ?

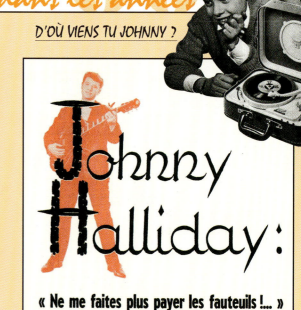

14 mars 1960, la maison Vogue sort *T'aimer follement* et *Souvenirs, souvenirs*, le premier 45 tours d'un jeune chanteur de dix-sept ans, il s'appelle Jean-Philippe Smet à la ville et désormais, pour tous, Johnny Hallyday. Le 18 avril suivant, Line Renaud le présente à la France entière, dans l'émission de télévision *L'École des vedettes*. Un phénomène, un « grand frère », une « idole » est née. Au Square de la Trinité et au Golf Drouot à Paris, ses copains se nomment Claude Moine, Christian Blondiau, Jacques Dutronc… La « nouvelle vague » arrive vraiment !

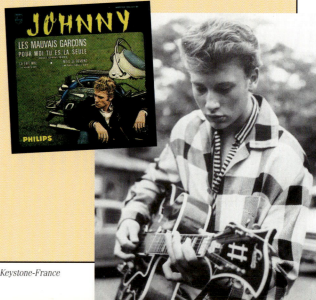

▶▶ *Johnny Hallyday à peine âgé de dix-sept ans, en juillet 1960.* © Keystone-France

SOUVENIRS, SOUVENIRS...

En quelques semaines, nous assistons à l'émergence d'une scène rock composée de chanteurs et de musiciens à peine plus âgés que nous : Eddy Mitchell (Claude Moine) et les Chaussettes noires, Dick Rivers (Hervé Forneri) et les Chats sauvages, Dany Logan (Daniel Deshayes) et les Pirates, Danny Boy (Claude Piron) et les Pénitents, Vic Laurens et les Vautours, Long Chris (Christian Blondiau) et les Daltons, El Toro et les Cyclones (où officie Jacques Dutronc)... sans oublier les Pingouins, les Fantômes, les Aiglons, les Aristocrates, les Loups Garous, les Missiles... et l'aîné de tous, le Marseillais Rocky Volcano, un « vieux » de vingt et un ans...

LE ROCK C'EST ÇA

À mesure que sortent les super 45 tours de ces groupes, souvent météoriques, la réaction ne tarde pas et la presse dénonce à longueur de page cette jeunesse dépravée. 24 février 1961, cinq mille « blousons noirs » se déchaînent au Palais des sports de Paris, à l'occasion du premier Festival rock. Le 18 juin suivant, la seconde édition vire à l'émeute, quatre-vingt-cinq arrestations, quatre policiers blessés. La troisième et dernière promet d'être apocalyptique...

LE DIABLE EN PERSONNE

Brian Maurice Holden, un Britannique que la presse présente comme Américain, débarque en France sous le nom de Vince Taylor. Eddie Cochran mort, le 17 avril 1960, et Gene Vincent installé en Angleterre, Vince Taylor a le champ libre. En 1961, entièrement vêtu de cuir noir, un gros médaillon autour du cou et armé d'une chaîne de vélo, Vince enflamme l'Olympia avec ses Play-Boys. Eddie Barclay lui signe un contrat dans la nuit. Jean Fernandez, directeur artistique de la maison, déclarera : « Je crois que sur le plan scénique, Vince Taylor, c'est la chose la plus importante qu'il y ait eu dans le rock, peut-être de tous les temps... » Les disques et les Scopitones se succèdent aussitôt. 18 novembre 1961, la troisième édition du Festival rock du Palais des sports de Paris réunit Nicole Paquin, Danny Boy et les Pénitents, les Champions, Dick Rivers et les Chats sauvages... et Vince Taylor. Le « Diable en personne » (« Shakin All Over ») n'a pas le temps de s'installer. La foule bout d'impatience. Bilan : quatorze policiers blessés, deux mille fauteuils arrachés... « Où nous mènera le rock ? » demande la presse ! ■

▲ *La magie des Scopitones !*

◄◄ *Vince Taylor, vêtu de cuir, sur la scène du cabaret Folies Pigalle, lors du spectacle Twist Appeal, monté par Nicolas Bataille, Paris, le 26 avril 1962.* © Keystone-France

▶▶ *Johnny et la comédienne Valérie Camille twistent à Rome le 17 novembre 1962.*
© Keystone-France

▼ *Sheila se délecte du dernier numéro de* Nous les garçons et les filles, *Paris, avril 1963.* © Rue des Archives/Gérald Bloncourt

▶▶ *Claude Francois en concert à l'Olympia, le 30 octobre 1963.*
© Rue des Archives/AGIP

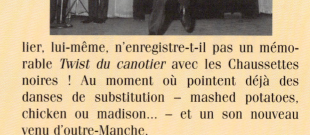

SALUT LES COPAINS

« Êtes-vous pour ou contre Vince Taylor ? ». La une du premier numéro du magazine *Salut les copains* (juin 1962) donne le ton. Maisons de disques et médias s'accordent sur la volonté de calmer le jeu. Sylvie Vartan, Françoise Hardy, Richard Anthony, Frank Alamo… et Claude François débarquent. *SLC*, l'émission de radio de Frank Ténot et Daniel Filipacchi sur Europe n°1, et sa déclinaison dans les kiosques propulsent les gentils yé-yé au sommet des hit-parades.

TWIST À LA PAPA...

Jeunes et parents peuvent désormais « twister » ensemble. La recette : 1) pédaler en danseuse comme un coureur cycliste qui monte sa petite côte à 40 %, 2) agiter les bras comme un skieur amorçant un slalom géant, 3) figures libres… Maurice Chevalier, lui-même, n'enregistre-t-il pas un mémorable *Twist du canotier* avec les Chaussettes noires ! Au moment où pointent déjà des danses de substitution – mashed potatoes, chicken ou madison… – et un son nouveau venu d'outre-Manche.

CLO-CLO

En 1962, un jeune homme fougueux de vingt-trois ans, habité d'une volonté de réussir hors du commun, enregistre sous le pseudonyme de Kô-Kô son premier 45 tours, *Le Nabout twist*. Nul ou presque ne le remarque. Deux autres EP suivent sous son nom – *Ali Baba twist* et *Hey potatoes* – avant que n'arrive le jackpot à l'automne, *Belles ! Belles ! Belles !* Claude François devient Clo-Clo. Un phénomène est né, et les sixties danseront au rythme endiablé de ses versions françaises de succès US.

UNE FILLE DE FRANÇAIS MOYENS

Après un disque passé inaperçu – « On a juste l'âge » (1962) – Annie Chancel dite Sheila enregistre à son tour, avec *L'École est finie* (1963), l'un des hymne yé-yé. *Papa t'es plus dans le coup*, *Viens danser le Hullu-gully*, *Première surprise-partie*, *Vous les copains*… Les chansons de Sheila s'avèrent particulièrement représentatives des préoccupations des ados, à l'instar des mélodies de Françoise Hardy – *Tous les garçons et les filles*, *Le Temps de l'amour*… – ou des tubes entraînants de la jeune France Gall – *Laisse tomber les filles*…

France Gall victorieuse du Grand Prix de l'Eurovision, à Naples, en Italie, grâce à *Poupée de cire, poupée de son*, le 20 mars 1965. © Keystone-France

Serge Gainsbourg « claque des doigts devant le juke box… » © Rue des Archives/AGIP

CHEZ LES YÉ-YÉS

Laisse tomber les filles comme *Sucettes à l'anis* et d'autres perles écrites pour Clo-Clo, Alice Donna… sont signées Serge Gainsbourg. Auteur, compositeur, interprète, Gainsbourg grave, depuis 1958, des albums au succès critique impressionnant – Boris Vian, Marcel Aymé… Commercialement, il s'agit de succès d'estime, il enchaîne donc les musiques de film et les tubes pour les « idoles » en se payant le luxe d'ironiser sur les modes – *Chez les yé-yé* (1963) – avant d'en donner le la – *Qui est « in » qui est « out »* (1968) et d'influer comme nul autre chanteur français sur les mœurs de ses contemporains. « J'ai retourné ma veste, avouera-t-il, le jour où je me suis aperçu qu'elle était doublée en vison. »

JOHNNY ET SYLVIE

En 1962, Sylvie passe pour la seconde fois à l'Olympia, cette fois avec Johnny. La rencontre…

En 1964, Johnny Hallyday, Jean-Philippe Smet à la ville, rejoint l'armée, comme son idole Elvis six ans plus tôt, afin d'effectuer son service national. Bidasse exemplaire, il se laisse photographier complaisamment et apparaît en treillis devant le drapeau en couverture de *Salut les copains* ; le 12 avril 1965, Johnny et Sylvie se marient à Loconville. Un événement largement médiatisé. David naît l'année suivante et le couple se sépare, se réconcilie et ne quitte pas la une des journaux. À ce moment-là, les groupes français du début de la décennie n'existent plus. Quelques individualités fortes entament une carrière solo. Johnny et Sylvie, eux, demeurent au sommet. La petite blonde aux cheveux mi-longs peut se permettre de faire l'Olympia, non plus en lever de rideau mais en vedette, et d'accueillir en première partie, comme en février 1964, Trini Lopez et quatre garçons de Liverpool baptisés les Beatles… ∎

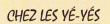

Johnny Hallyday et Sylvie devant le M. le maire de Locon, dans l'Eure, le 12 avril 1965. © Rue des Archives/AGIP

▶▶ *Les Beatles sur le plateau de* Ready, Steady, Go ! *en 1963.* © Rue des Archives/FIA

▼ *Les Rolling Stones, de gauche à droite : Bill Wyman, Mick Jagger, Brian Jones, Charlie Watts et Keith Richards.* © Rue des Archives/BCA

QUATRE GARÇONS DANS LE VENT

En 1962, les Four Fab – John Lennon, Paul McCartney, Georges Harrison et Ringo Starr (exit Pete Best) – devenus les Beatles enregistrent *Love Me Do* et *I Love You*. La Beatlemania et la « révolution pop » renvoient aux États-Unis et au continent européen l'écho de l'explosion rock de 1954. Le « mersey sound » – du nom de la rivière qui coule à Liverpool, berceau du groupe –, projette sous la férule de leur manager commun Brian Epstein une kyrielle de formations. La pop *british* revendique l'influence du rock pionnier et surtout du rhythm'n'blues. Sous les *beatle jackets* demeure l'esprit attaché au cuir noir des blousons de la Cavern de Hambourg. Aux yeux des parents, ces « quatre garçons dans le vent », bientôt anoblis, sauvent les apparences dans leur petit costume Cardin. Le *beat* est là. Et les tubes avec : *I Want To Hold Your Hand*, *Can't Buy Me Love* et *A Hard Day's Night* (1964), *I Feel Fine*, *Ticket To Ride* et *Help* (1965), *Yellow Submarine* et *Eleanor Rigby* (1966), *All You Need Is Love* (1967)...

SATISFACTION

Ancien bras droit de Brian Epstein, Andrew Oldham a l'idée géniale d'inverser les codes. Face aux Beatles, ces rockers d'origine ouvrière devenus sous la houlette d'Epstein, comme par magie, des gendres idéaux, il transforme trois fils de classe moyenne (Mick Jagger, Brian Jones et Keith Richards) et deux authentiques « prolos » (Charlie Watts et Bill Wyman) en « voyous infréquentables ». Vêtements outrageusement bohèmes, cheveux beaucoup plus longs que ceux de leurs rivaux, et déclarations fracassantes à destination des tabloïds britanniques – « Laisseriez-vous votre sœur aller avec les Rolling Stones ? », « De mauvaises nouvelles sont de bonnes nouvelles pour les Stones »... L'alchimie fonctionne à la perfection et les « pierres qui roulent », férus eux aussi de rhythm'n'blues, engrangent les dividendes à coups de hits : *Little Red Rooster* (1964), *Satisfaction*, *The Last Time* et *Get Off Of My Cloud* (1965)...

© Keystone-France

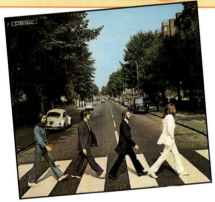

▲ *Marianne Faithfull et Mick Jagger.* © Rue des Archives/BCA

▲ *Les Beatles en 1968 : Ringo Starr, John Lennon, Paul McCartney et George Harrison.* © Rue des Archives/BCA

▲ *Les Rolling Stones live à la télévision anglaise.* © Rue des Archives/FIA

▼ The Who avec le batteur Keith Moon, le chanteur Roger Daltrey, le compositeur et guitariste Pete Townshend et le bassiste John Entwistle vers 1965. © Rue des Archives/BCA

▶▶ Festival de l'île de Wight, août 1970. © J.-P. Lenotre.

SUMMER OF LOVE

De Californie nous arrivent des voix et des riffs de guitare inconnus. Retour à l'envoyeur. La révolution pop devient lysergique sous les effets de cette drogue chimique à l'acronyme mystérieux. LSD, la presse en rajoute dans l'ignorance et l'ignominie. Qu'importe. Ken Kesey, Tim Leary et les Merry Pranksters œuvrent en explorateurs... Le mouvement hippie reprend à son compte et popularise l'élan libérateur de la *beat generation*. Les *flower people* envahissent le quartier de Haight-Ashbury à San Francisco. Les Diggers – Emmett Grogan, Peter Coyote, Richard Brautigan... – expérimentent l'utopie. Et le rock psychédélique – l'*acid rock* – du Grateful Dead, de Jefferson Airplane... et de Janis Joplin, ainsi que celui de groupes anglais comme Soft Machine ou Pink Floyd, nous ouvre, ici en France, toutes grandes, les « portes de la perception ». ■

MY GENERATION

Dans cette dynamique concurrentielle, entre *majors* et formations, la surenchère est de mise. L'erreur aussi. Nul n'oubliera la mémorable lettre de la firme EMI, datée du 22 octobre 1964. Les High Numbers, futurs Who, se voyaient aimablement invités à trouver une autre compagnie. Dévastatrice, l'énergie des Who – Roger Daltrey, Peter Townshend, Keith Moon et John Entwistle –, emporte à son tour tout sur son passage. *My Generation* (1965), est l'hymne d'une génération en révolte. « Ma génération », celle des Who, celle aussi des Animals, des Kinks, de Cream, des Yardbirds, des Pretty Things, de Them et des Troggs. Celle enfin de Jimi Hendrix, le « Voodoo Child », notre « Grand Dieu Pan », ensorcelant et fascinant. Et Pete Townshend de résumer la perspective dans le magazine américain *Rolling Stone* : « La manière dont vous vivez lorsque vous écoutez un morceau de rock'n'roll, *Jumpin' Jack Flash* par exemple, ou quelque chose de similaire, est celle dont vous devriez passer votre vie entière. »

▲ Le « Voodoo Child » Jimi Hendrix en concert à l'île de White, août 1970. © Rue des Archives/FIA

▲ The Kinks, de gauche à droite : Ray Davies, Dave Davies, Mike Avery et Pete Quaife. © Rue des Archives/Tal

▲ Pink Floyd : Nick Mason, Rick Wright, Roger Waters, Syd Barrett, dans les années 60. © Rue des Archives/FIA

▶▶ *Antoine et Jacques Dutronc en concert au Midem, à Cannes, janvier 1966.* © Rue des Archives/AGIP

OH YEAH

Face aux proprets yé-yé, des jeunes de plus en plus nombreux se désespèrent des productions françaises, le regard rivé vers la scène londonienne. Ils se laissent pousser les cheveux – « comme les filles » tonnent les autres... –, accordent un soin tout particulier à leurs vêtements et chaussures – des boots naturellement –, et adaptent en V.F. le meilleur des Rolling Stones, des Kinks ou des Pretty Things. Ronnie Bird (Ronald Méhu) et les Tarés montre le chemin, comme Noël Deschamps et les Sharks. Le Swinging London influence aussi les Boots, les Polux ou les Lionceaux. D'autres trouvent l'inspiration du côté des « marginaux » du rock. La violence musicale d'un Johnny Kidd et les audaces d'un Screamin' Jay Hawkins ou d'un Screamin' Lord Sutch nous donne Hector et les Médiators. Attention danger ! Hector, Antoine, Evariste, Benjamin, Ferré Grignard... Les beatniks sont là.

CHEVEUX LONGS, IDÉES COURTES

Diplômé de l'école Centrale, Antoine s'écarte de la voie d'ingénieur tracée devant lui pour lancer ses *Élucubrations*. Un million d'exemplaire vendus en quelques semaines. Ses revendications libertaires et non violentes trouvent en 1966 un large écho auprès d'une jeunesse lasse des mièvreries de surprises-parties. Ses chemises à fleurs et ses pantalons pattes d'eph', ses cheveux longs et ses lunettes de soleil ne tardent pas à faire des émules. Improbables rejetons des écrivains américains de la *beat generation*, les beatniks, surnommés ainsi par la presse à cause de leurs cheveux longs, se multiplient et attirent les foudres de la « réaction ». À l'intérieur même du show-business, les réponses pleuvent, drôles (Jean Yanne et Jacques Martin, Édouard...) ou plus agressives à l'image de celle de Johnny Hallyday. *En cage à Médrano*, le programme d'Antoine ne semble pas avoir amusé « l'idole des jeunes », et Johnny, avant de se découvrir bientôt hippie, assène avec *Cheveux longs, idées courtes* un hymne joliment réac.

ET MOI, ET MOI, ET MOI

Après avoir composé pour Zouzou dite « la twisteuse », Jacques Dutronc entame une fructueuse collaboration avec l'écrivain et parolier Jacques Lanzmann. La maison Vogue surfe ainsi sur la vague beatnik avec Antoine et sur l'attrait de son contraire apparent avec Dutronc. L'anti-conformisme, le sens de l'humour et de la dérision, et une décontraction à toute épreuve... à leur manière respective, les deux artistes, au-delà des choix vestimentaires ou de la longueur des cheveux, concourent à gentiment dynamiter les convenances et nombre de préjugés.

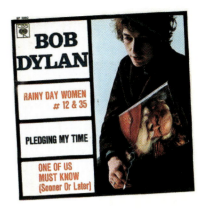

◀◀ *Le 24 mai 1966 : Bob Dylan, sur la scène de l'Olympia, fête ce jour-là ses vingt-cinq ans.*
© Keystone-France

▲ *Bob Dylan et Hugues Aufray, Paris, mai 1966.* © D.R.

THE TIMES THEY ARE A-CHANGING

Faire l'amour avec toi, la déclaration d'un autre beatnik, Michel Polnareff, suscite à son tour l'attention des censeurs de toutes obédiences. Beatnik, Polnareff ? « On pourrait dire, pourquoi pas ? répond-t-il. L'important est que je réussisse pour ceux de ma génération qui sont avec moi. » Et l'artiste d'ajouter : « Un beatnik, pour moi, n'est pas un être qui a forcément les cheveux longs ou un accoutrement spécial. C'est avant tout quelqu'un qui est épris de liberté et qui lutte contre les préjugés bourgeois. » Ces préjugés sont d'ailleurs la cible chronique d'adolescents bien décidé à ne jamais vivre comme des « vieux ». Cette sensibilité s'aiguise à l'écoute des albums de Léonard Cohen ou de Bob Dylan. Un Dylan que beaucoup découvrent dans les adaptations en V.F. de son fan numéro un, Hugues Aufray. Un Dylan que tous attendaient à Paris en cette année 1966, et dont le passage à l'électricité attise encore bien des polémiques. Et Robert Zimmerman de prévenir : « Venez, pères et mères de tous les États/Et ne critiquez pas ce que vous ne comprenez pas/Vos fils et filles échappent à votre autorité, vos façons de voir sont dépassées/Parce que les temps ont changé. » Paroles pour le moins prophétiques...

THE DREAM IS OVER

Le temps d'un printemps, beaucoup ont cru au « grand soir », et aux « petits matins » qui chantent. Désormais, ne reste pour une majorité que la musique. Avril 1970, les Beatles annoncent leur séparation. La nouvelle stupéfait la planète. Les « inventeurs » des sixties ne commenceront pas la décennie suivante ensemble. La mort rôde. Brian Jones, le 2 juillet 1969 à Londres, Jimi Hendrix, le 18 septembre 1970 à Londres, Janis Joplin, le 4 octobre 1970 à Hollywood, Jim Morrison, le 3 juillet 1971 à Paris... « Nous voulons le monde, et nous le voulons... MAINTENANT. » exigeait Morrison. Nos héros quittent le champ de bataille... Une page se tourne... ∎

Presse
La BD pour enfants dans les années 50

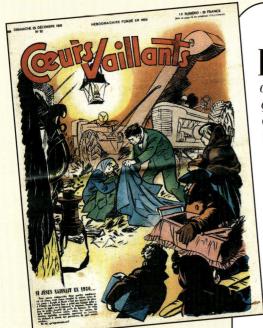

UNE PRESSE BIEN-PENSANTE

En proposant toute une série de titres comme *Fripounet*, *Perlin et Pinpin*, *Bernadette*, *Âmes vaillantes*, *Monique et Jean-François*... après la guerre, la presse catholique continue sur sa lancée. Dans certaines familles bien-pensantes, il paraît en effet inconcevable d'offrir à ses enfants des journaux ne répondant pas à des valeurs morales exemplaires. Une équipe rédactionnelle irréprochable assure le contrôle systématique des textes et des bandes dessinées, les scénarios sont choisis avec soin, ils doivent inculquer toute une suite de principes fondamentaux comme l'amitié, le sens du partage, le dévouement ou même la soumission devant l'autorité. Les récits se retrouvent coincés entre des bandes dessinées évoquant les vies de saintes et de saints.

PIF, UN CHIEN TRÈS « POLITISÉ »...

Très vite, en passant devant le kiosque à journaux, les petits lecteurs se mettent à loucher sur les pages de *Tintin*, de *Mickey* et de *Spirou*. Ils arrivent, peu à peu, à convaincre leurs parents et se font parfois offrir un de ces magazines tant enviés. Mais les aventures de Pif le Chien leur restent inexorablement interdites. Elles paraissent dans *Vaillant* et jamais ce « brûlot bolchevique » ne passera le seuil de leur maison ! Il est vrai que ce journal ne cache pas ses liens avec le Parti communiste, et ses lecteurs principaux restent les enfants des militants. Pourtant, la qualité de ses bandes dessinées lui vaudrait un public plus large. Publié initialement dans *L'Humanité*, Claude Arnal croque jusqu'en 1953 les facéties de Pif, Mas reprend le flambeau tandis qu'Arnal continue à dessiner la BD de Placid et Muzo.

VAILLANT ACCUEILLE LES GRANDS NOMS DE LA BD

Des scénarios plus sérieux comme *Les Pionniers de l'espérance*, de Roger Lécureux et de René Bostard, provoquent l'enthousiasme des garçons, fans de sagas spatiales, tandis qu'idéologie oblige, sur un scénario de Jean Ollivier et des dessins de René Bostard, Yves Leloup défend les opprimés et combat les seigneurs féodaux détenteurs du pouvoir. Jean Ollivier, qui fut un temps rédacteur en chef du journal, signe également les scénarios de *Sam Billy Bill* et *Davy Crockett*. Quant au petit fantôme Arthur (Jean-Cezard), il continue sa quête de justice en voletant au fil des pages.

En 1957, l'équipe de *Vaillant* prend conscience des changements de goûts des lecteurs, et introduit des bandes dessinées comiques comme *Totoche* ou *Richard et Charlie* de Jean Tabari qui donnent au journal un esprit plus léger, tandis que la pagination passe de 16 à 32 pages.

▼ *Les Pionniers de l'espérance* de Roger Lécureux et René Bostard.

MARIJAC

Jacques Dumas, dit Marijac, a commencé avant-guerre en fournissant des scénarios pour *Cœur Vaillant*. Après avoir publié dans la clandestinité, pendant l'occupation, le journal *Le Corbeau déchaîné*, il crée à l'automne 1944 *Coq Hardi* qu'il réalise et écrit entièrement seul. Au cours des années 50, le journal rencontre un authentique succès, Marijac continue à tout contrôler et à exécuter toutes les tâches, de l'écriture aux dessins, en passant par la maquette. Il commence cependant à embaucher des collaborateurs comme Erik Cazanave qui croque le Capitaine fantôme, puis Liquois, Marin, Mat... les rejoignent. Marijac fonde alors les Éditions de Châteaudun, ainsi que l'agence Arts Graphiques Presse qui lui permet de fournir des bandes dessinées à différentes publications.

Dans le même temps, il monte des magazines pour les plus petits : *Cricri*, *Baby journal* et *Nano et Nanette* ainsi que les journaux pour jeunes filles *Mireille* et *Frimousse*. Au cours des années 60, des erreurs de gestion et des associations malheureuses feront péricliter l'ensemble de ses titres.

Les désopilants membres de la pension Radicelle d'E. Gire.

UNE IRRÉSISTIBLE PETITE SOURIS

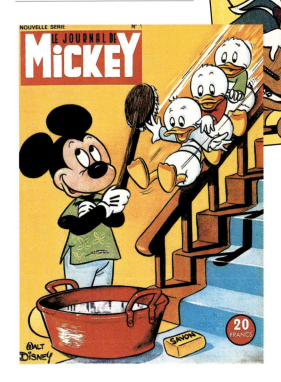

Ennemie jurée de l'équipe communiste de *Vaillant*, une amusante petite souris symbolise à elle seule, cette Amérique tellement haïe dans *Le Journal de Mickey*, mais son ami le canard Donald a moins de chance, la parution de son journal s'interrompt en 1953. Les dessinateurs des studios Disney proposent des histoires sans surprises, et mettent en scène des héros aux qualités et aux défauts récurrents. Mais Mickey et ses amis plaisent aux enfants, les rassurent et les font rire.

SPIROU : L'HUMOUR AVANT TOUT

Le Journal de Spirou, apparu pour la première fois en 1938, se positionne immédiatement dans un registre humoristique. Des dessinateurs comme Morris avec son Lucky Luke, Franquin avec l'inénarrable Gaston Lagaffe, Will avec Tif et Tondu ou en 1958 Peyo avec ses Schtroumpfs,

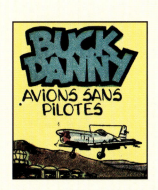

© World Press et Éd. J. Dupuis, 1971

prouvent que la bande dessinée peut être à la fois comique et de grande qualité. Quant aux histoires de l'*Oncle Paul*, elles introduisent habilement des récits d'aventures.

Les gamins dévorent les péripéties de leur héros, et lorsque Franquin quitte en 1955 le magazine pour créer *Modeste et Pompon* dans *Tintin*, la rédaction s'inquiète des conséquences d'un tel départ. Heureusement pour *Spirou*, il réintègre l'équipe quatre ans plus tard !

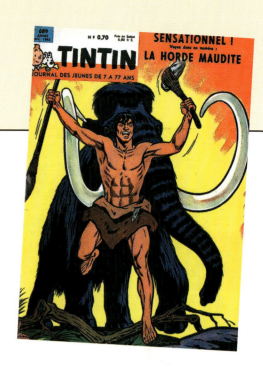

UN JEUNE REPORTER TRÈS SÉRIEUX

Le Journal de Tintin connaît, lui, des années exceptionnelles, en particulier grâce à la production de Hergé qui publie cinq récits d'une qualité incroyable : *Objectif Lune, On a marché sur la Lune, L'Affaire Tournesol, Coke en stock* et *Tintin au Tibet*. Le succès permet à Hergé de s'imposer de plus en plus dans les choix éditoriaux du journal, et il maintient avec la complicité de l'éditeur Raymond Leblanc une authentique rigueur morale. La volonté éducative et instructive ne laisse parfois pas de place à l'humour. Le journal est destiné aux garçons âgés de 7 à 77 ans, suivant sa célèbre formule. Les nombreuses publicités que l'on trouve à l'intérieur prouvent que la gamme des lecteurs reste très étendue. On vante les mérites de circuits 24, de chevaliers, de trains

 ◀◀ *Clifton.*

électriques pour les plus jeunes juste à côté de réclames pour des Mobylettes et des Solex utilisables à partir de 14 ans. Certes, les adultes ne lisent pas le magazine, mais celui-ci s'adresse tout autant aux adolescents qu'aux enfants.

 ◀◀ *Oumpapah.*

« PILOTE » : LE DÉBUT D'UNE ÈRE NOUVELLE

À la fin des années 50, Remo Forlani échafaude la charpente d'un futur *Journal de Rodolphe* bâti autour de l'enfant vedette de Radio Luxembourg. Quelque temps plus tard, le projet prend définitivement forme sans Forlani et sans Rodolphe, sous la houlette de René Goscinny et le nom de *Pilote*. « Nous rêvions d'avoir notre journal, déclarera ce dernier, et nous voulions changer, étendre la tranche des lecteurs, faire un journal qui ne s'adresse pas seulement aux enfants, ni même aux adolescents mais aussi aux adultes. Après tout il n'y a pas d'âge pour rire... » ■

DU CÔTÉ DES FILLES

Destiné aux filles, le journal *Line* des éditions Dargaud se veut être, sous la direction de Raymond Leblanc, le *Tintin* féminin, mais ne parvient pas à atteindre le succès de son modèle malgré la présence de Paul Cuvelier – auteur de la bande qui donne son nom au journal – et de Jijé avec son héroïne Bernadette.

Presse
Récits complets et ciné-romans

L'ÉVASION AU COIN DE LA RUE

Les « récits complets », ces minces fascicules publiés dans le sens de la hauteur, ou plus rarement de la largeur au format dit « à l'italienne », nous assuraient la possibilité de consommer notre ration de bandes dessinées en raison de leur modicité et de leur accessibilité dans les kiosques à journaux. Aux yeux de nombreux parents, le fait de « lire des illustrés » détournait de la lecture, la seule, la vraie, celle d'ouvrages « sérieux ». Quand cette inclination « coupable » se trouvait tolérée, elle demeurait en revanche des plus suspectes à partir de l'adolescence, et il n'était pas rare d'entendre la sentence suivante : « Les petits Mickey sont pour les enfants et les tarés... »

UNIFORMES DE RIGUEUR

Après-guerre oblige, les aventures militaires de Garry occupent une place privilégiée dans le choix des garçons. Les braves GI américains affrontent sans relâche les combattants nippons dans les îles du Pacifique, et le succès de cette bande guerrière contemporaine d'innombrables productions hollywoodiennes parentes suscite d'ailleurs l'apparition de nombreux titres concurrents (*Téméraire*...).

À LA CONQUÊTE DE L'ESPACE

À partir de 1953, *Meteor* ouvre la voie des étoiles et de la science-fiction à des centaines de milliers d'enfants, souvent déjà friands des *Pionniers de l'espérance* publiés dans *Vaillant*. *Les Conquérants de l'espace* et *Les Francis* les séduisent et les incitent aussi à guetter, chaque mois, les numéros d'*Atome Kid*, *Cosmos*, *Spoutnik* ou *Sidéral*.

COW-BOYS ET INDIENS

Des immensités de l'espace à celles des plaines du Far West, le pas est vite franchi et Hopalong Cassidy ou Kit Carson nous permettent de fixer les chevauchées des premiers héros de séries télé. Sur leurs traces, nous voyons les récits complets se muer en « petits formats ». *Cassidy* ou *Rodeo* pénètrent dans nos poches du jour au lendemain, des poches que nous aimons emplir des compagnons de notre enfance, Buck-John, Bleck le rock, Captain Swing, Miki le ranger ou Tex Wyller. L'Ouest, grâce à eux, devient l'une de nos zones d'évasion favorites comme la jungle d'*Akim* ou celle de *Zembla* et de *Kalar*.

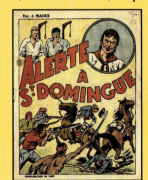

CINÉMA À DOMICILE

Bien avant la télévision, les ciné-romans nous offrent le plaisir de prolonger à domicile les joies des séances de cinéma. Une idée italienne de génie, raconter un film comme une bande dessinée, en décomposant les scènes en images assorties de ballons pour les dialogues. Basée sur le principe des romans-photos, l'innovation révolutionnaire, à partir de 1956, la presse consacrée aux films racontés (*Le Film complet, Mon Film*...).

QUELLES AVENTURES...

Quatre éditeurs transalpins se partagent le marché – Bozzesi, Ponzoni, Mercurio et Rovelli. Grâce à leurs fascicules, que d'heures de plaisir à s'imprégner de ces peplums (*Star Ciné Aventure, Star Ciné Bravoure, Star Ciné Vaillance*...) et de ces films fantastiques (*Star Ciné Cosmos*...), de ces films de cape et d'épée (*Aventures de Cape et d'Épée*...), de jungle (*Jungle Film*...) ou de guerre (*Attaque, Paras*...) et naturellement de ces innombrables westerns (*Western Aventures, Les Récits du Shérif, Cow Boy Magazine* ou *Far West Magazine*...), que nous avions vu ou que nous rêvions de voir ! ■

Presse
Petits formats et BD pour ados dans les années 60

LE CRIME, ÇA PAIE

L'Italie, une fois encore, nous apporte au début de la décennie une nouvelle et insoupçonnable évolution, fondée sur une vague de héros de papiers, où le crime l'emporte toujours sur la vertu. Né de l'imagination des sœurs Angela et Luciana Giussani, Diabolik ouvre la voie en 1962, et arrive chez nous quatre ans plus tard. Vêtu d'un collant noir, ce héros « pour adultes », comme le précisent les couvertures, multiplie les crimes audacieux et échappe éternellement à l'inspecteur Ginko. Érotisme, violence... le ton est donné. Dans son sillon, nous arrive une armée de « criminels » masculins – Demoniak (1964) – Kriminal (1964), Satanik (1964) ou féminins – Zakimort (1965)... Une déferlante que la censure gaulliste s'emploiera à enrayer.

LES FILLES DE PAPIER

Depuis 1962, une année indélébile dans l'esprit de bien des garçons, une tribu d'amazones envahit l'Hexagone. V magazine, la publication de l'éditeur Eric Losfeld, nous a offert Barbarella, l'émancipation féminine personnifiée, la créature de Jean-Claude Forrest, le Forrest dont nous goûtions jadis le Charlot de Vaillant. La belle héroïne galactique fait d'ailleurs rapidement des émules : citons sa « jumelle » Uranella – chez nous Auranella – de Floriano Bozzi, et Gesebel – Jezabel en français – la

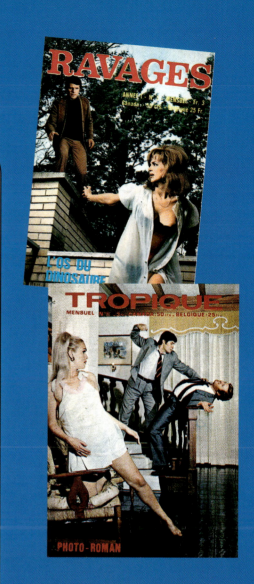

sémillante corsaire intergalactique. Des aventurières que nous aurions suivies au fond de l'espace, les yeux fermés...

PHOTOS À L'APPUI...

Sexe et volupté. La recette investit le champ des romans-photos. Digne *Fantomas* des temps moderne, *Killing*, le redoutable génie du crime, devient en version française *Satanik*, il chatouille à partir de 1966, notre libido et la patience de la censure, et suscite lui aussi une poignée de clones (*Fatalik*...) et de « cousins » (*Lord X*...). Une patience de courte durée. Un an plus tard, le titre se voit interdit comme une majorité de romans-photos et de BD de petit format dites « pour adultes ». Ingénieux, les éditeurs se jouent des censeurs en multipliant désormais les dénominations de ces fascicules de poche – *Ravages, Fièvres, Hold up, Tropique...* – où paraissent des aventures entre polar et espionnage mâtinées d'érotisme.

BÊTE ET MÉCHANT

Ancêtre des magazines de bande dessinée « adulte », l'arrivée d'*Hara-Kiri* constitue une date charnière dans l'histoire de la presse. François Cavanna, ancien maçon, Georges Bernier, le futur professeur Choron, ancien d'Indochine, et Fred Othon Aristidès, dit Fred, le futur père de *Philémon* et du *Petit Cirque*, se sont rencontrés chez Jean Novi, l'éditeur de *Zéro* et *Cordées*, deux publications vendues par colportage. Nos trois comparses rodent ainsi leur création à l'automne 1960. Dès le numéro trois, le titre intègre les kiosques et frappe l'imagination de ceux qui en aperçoivent les couvertures signées Fred, de splendides dessins en couleur d'un humour noir dévastateur. Du jamais vu. Le sous-titre – « journal bête et méchant » – donne le ton, *Hara-Kiri* pulvérise à longueur de page la notion du bon goût.

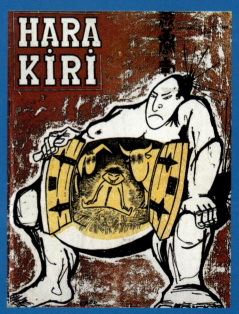

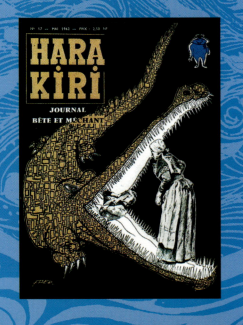

PRENONS NOS DÉSIRS POUR DES RÉALITÉS

Une génération entière trouve dans les pages d'*Hara-Kiri* un espace de liberté absolue. Les dessins, textes, romans-photos satiriques, parodies de publicité, chansons et poèmes... du trio fondateur et de ses recrues – Reiser, Gébé, Cabu, Wolinski, Topor... – érodent un peu plus chaque mois les sacro-saintes valeurs judéo-chrétiennes et une société française sclérosée, avec une rage jubilatoire et communicative. Rien, non décidément, ils n'épargnent rien.

« PILOTE » TIRE LA LEÇON

La publication des éditions Dargaud demeure sous l'impulsion de René Goscinny extrêmement sensible aux évolutions, en particulier celles du lectorat tant dans ses goûts que dans sa composition. Cabu intègre ainsi le magazine en 1963 et travaille avec Goscinny à la « Pathologie illustrée » et à la réalisation des premières « actualités ». Ces nouvelles pages satiriques voisinent avec les séries phares du titre, réalistes – *Tanguy et Laverdure*, *Barbe Rouge*, *Lone Sloane*, *Valérian*, *Lieutenant*

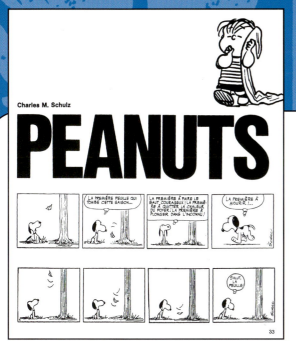

LE SQUARE DES LIBERTÉS

En quelques semaines, l'hebdo devient un signe de ralliement. Il s'achète, se prête, voire se vole comme le recommande le professeur aux lecteurs les plus démunis... Dans tous les cas, il rencontre son époque et sa jeunesse au cœur de ces années contest'. Dans le même temps, les éditions du Square accrochent à *Hara-Kiri*, mensuel et hebdo, une nouvelle publication : *Charlie mensuel*. Tirant profit des échecs de *Pogo* et de *Poco*, *Charlie*, sur le modèle de la revue italienne *Linus*, se consacre entièrement à la bande dessinée, d'hier et d'aujourd'hui. Des classiques de « l'âge d'or des années 30 » cohabitent ainsi avec les productions d'auteurs maisons – Wolinski, Copi, Willem... – et de transfuges comme Pichard et Buzelli, et l'ensemble initie le champ des mensuels de BD dits « pour adultes » de la décennie suivante – *L'Écho des savanes*, *Fluide Glacial*... ■

Blueberry – ou humoristiques – *Astérix, Lucky Luke, Achille Talon, Cellulite, Philémon, Le Concombre masqué*...

En 1965, Gotlib entre au journal. Nés de sa complicité avec Goscinny, « Les Dingodossiers » font bientôt leur apparition. *Le Journal d'Astérix et Obélix* développe à partir de l'été 1968 ses pages d'actualité avec des transfuges d'*Hara-Kiri*, non sans provoquer de sérieux remous au sein des éditions du Square, ces collaborateurs se voyant accusés de pactiser avec la « Capitale ».

LA SUBVERSION HEBDOMADAIRE

L'explosion de la *free press* contestataire au printemps 1968 – *Action, Les Cahiers de mai, Le Pavé*... – et singulièrement la publication de *L'Enragé*, réalisé en grande partie par l'équipe d'*Hara-Kiri*, donne des idées. Le 3 février 1969, *Hara-Kiri Hebdo* apparaît dans les kiosques. Devenu l'*Hebdo Hara-Kiri* au n°16 (19 mai 1969), il offre la possibilité, grâce à sa périodicité hebdomadaire, de traiter l'actualité, une actualité encore des plus contrôlées en ces années de fin de régime gaulliste, au lendemain d'une insurrection avortée.

▶▶ *Avec Lone Sloane, Druillet est un des grands créateurs des années 70 et le maître du « fantastique » en matière de BD.*

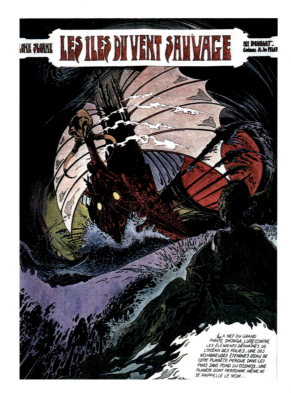

Presse

La presse musicale pour ados dans les années 60

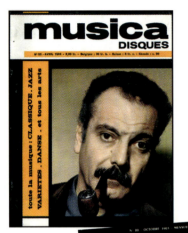

DISCO REVUE

Le véritable ancêtre. L'œuvre d'un seul homme, d'un pionnier, Jean-Claude Berthon, un Nancéen de dix-huit ans. D'abord sous-titrée « La seule revue française spécialisée de rock et de twist », « de rock'n'roll » plus tard, *Disco Revue* affiche en une et avant tout le monde les Beatles, les Rolling Stones, les Animals... La publication passe en couleur à partir du numéro 10 (mai 1962). Invité à participer à *Salut les copains*, l'émission de Frank Ténot et Daniel Filippachi, Berthon, malgré les difficultés financières de sa revue, décline la proposition de ce dernier, il ne souhaite pas lui confier la gestion du titre. Filippachi s'incline et décide de lancer son propre magazine, du nom de l'émission aux quatre millions d'auditeurs !

« SALUT LES COPAINS »

1962, année Johnny, *Salut les copains* intègre les kiosques au mois de juin. Les cent mille exemplaires du premier tirage s'épuisent en quelques jours, plus d'un million d'exemplaires sont vendus à la fin du mois. Un deuxième numéro destiné à tester le lectorat, à la rentrée, s'orne d'Elvis Presley en couverture. Plus yé-yé que rock, *SLC* offre une formule où la couleur règne. Jean-Marie Périer, l'artiste maison, suit de près les « idoles ». Sa sœur Anne-Marie raconte leurs histoires et compose avec Yves Salgues et une poignée d'autres le noyau fondateur. *SLC* a ses têtes. Sylvie Vartan, un temps compagne de Filipacchi ou Françoise Hardy, devenue celle de Périer, se révèlent omniprésentes, comme les idoles de l'époque : Johnny Hallyday, Sheila, Claude François, Frank Alamo, France Gall, Jacques Dutronc...

« MLLE ÂGE TENDRE »

Producteur de l'émission télé éminemment yé-yée, *Âge tendre et tête de bois*, Albert Raisner crée *Âge tendre* (décembre 1962), bien décidé à profiter de l'effet *SLC*. L'échec aiguille le titre dans l'escarcelle de Daniel Filippachi. *SLC* bénéficiant de 56 % de lectrices pour 44 % de lecteurs, *Âge tendre*, rebaptisé *Mlle Âge Tendre* et sous titré « pour les filles dans le vent », devient le pendant féminin de *Salut les copains*. Concurrence oblige, *MAT* ne parle pas de musique, les idoles doivent attirer le lecteur et lui confier autre chose... et présentent ou parrainent des conseils pratiques pour adolescentes, des conseils de beauté, un courrier des lecteurs, un horoscope... *MAT* invente le modèle des publications à venir destinées aux jeunes filles. Signe des temps, le magazine transmet et développe le BA-ba d'une bonne petite ménagère, cuisine, couture, tricot, décoration... rien ne leur est épargné...

les chansons chouchous du mois

CONTRE, TOUT CONTRE FILIPACCHI

« La soi-disant "Bonne Chanson Française" et le yé-yé national : il y en a marre ! Ce que nous voulons c'est du VRAI ROCK qu'il soit FRANÇAIS ou ÉTRANGER. » tonne de son côté Jean-Claude Berthon dans son édito de *Disco Revue*, au début de l'année 1964. *SLC*, fort de son million d'exemplaires vendus chaque mois, se moque de ces positions de puristes. Son succès suscite même des émules. Attentif aux aspirations de la jeunesse, le Parti communiste français emboîte le pas avec *Nous les garçons et les filles*, lancé au mois de juin 1963, en profitant d'une résonance opportune avec le tube récent de Françoise Hardy. La rédaction entend divertir à travers le traitement de l'actualité de la chanson, mais aussi éduquer à partir de sujets sur le cinéma, les techniques de reportage..., et préparer son lectorat à « lutter » politiquement, d'où la récurrence de sujets à forte connotation sociale. *Bonjour les amis* débarque, lui aussi, en 1963, avec l'appui de Radio Andorre. Le journal entend marquer sa différence. « Les idoles pour nous n'existent pas et, comme tous les jeunes, nous aimons l'insolence. » Les temps commencent à changer...

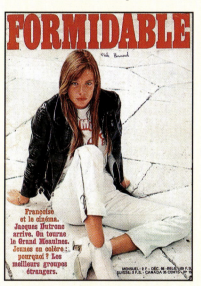

ROCK & FOLK

Rédacteur en chef du magazine *Jazz Hot* depuis 1962, Philippe Kœcklin décide quatre ans plus tard de fonder avec Robert Baudelet et Jean Tronchot une publication jumelle entièrement consacrée au rock, au folk et à la black music. « On s'est dit voilà, raconte Kœcklin, on va essayer de faire un journal qui va parler de toutes ces nouvelles musiques noires, James Brown, Ottis Redding, Wilson Pickett et puis, tant qu'à faire il y a les Rolling Stones qui s'inspirent du style blues et puis, pourquoi pas, ce Bob Dylan qui commence à faire parler de lui... » À l'été 1966, le numéro zéro de *Rock & Folk* affiche monsieur Bob Dylan en couverture, et le numéro un, Michel Polnareff. « Suis-je rock ? » se demande Sylvie Vartan sur la couverture du numéro sept ! Mais il faut attendre 1968 et l'arrivée de Philippe Paringaux pour que la revue trouve pleinement sa formule et son état d'esprit. Aux pionniers de *Disco Revue*, entrés dans la place (Berthon, Barsamian...), s'ajoutent au fil des mois les premiers critiques spécialisés (Jacques Vassal, Philippe Rault, Alain Dister, Paul Alessandrini, Philippe Garnier...).

« BEST »

Concurrence oblige, *Best* apparaît sous l'impulsion de Serge Bernar à l'automne 1968. Digne héritier de *Disco Revue* – à laquelle Bernar collaborait, et concurrent direct de *Rock & Folk* – *Best* réunit rapidement un nouveau bataillon de « rock critics » : Sacha Reins, Jacques Leblanc, Christian Lebrun... *Disco Revue* ou *Les Rockers disparus*, *Rock & Folk* et *Best* fédèrent déjà leur chapelle de journalistes et de lecteurs, pour le plus grand bonheur d'une génération d'enfants du rock. ■

Livres

Les livres pour enfants dans les années 50

▼ *Les aventures de Mili-Mali-Malou dans* Les Histoires d'une toute petite fille *de J.-L. Brisley, décrit le quotidien d'une enfant et de sa petite amie Suzanne avec fraîcheur et une certaine naïveté.*

LE CLASSICISME DE L'APRÈS-GUERRE

Au début des années 50, les éditeurs de livres destinés à la jeunesse choisissent de continuer à publier les grands classiques de la littérature pour enfants. La Bibliothèque Rose, créée par Louis Hachette en 1857, accueille toujours la comtesse de Ségur, mais les héroïnes présentées habituellement ne correspondent plus du tout au quotidien des lectrices. Pour les garçons, depuis 1924, date de sa création, la Bibliothèque verte affectionne les héros de Jules Verne et d'Alexandre Dumas, et ces romans d'aventures et de science-fiction sont toujours aussi palpitants.

Hachette réédite dans la Bibliothèque Rose une série d'histoires désuètes comme *La Petite Bergère* et son chien, publiées avant guerre, et ressemblant à s'y méprendre à celles que l'on pouvait trouver à cette époque dans *La Semaine de Suzette* ou la bibliothèque du même nom.

CAROLINE ET MARTINE, DEUX FILLETTES EMBLÉMATIQUES

Chez Hachette, naît en 1953, grâce au talent de Pierre Probst, une incroyable petite fille aux couettes blondes et aux yeux bleus : Caroline. Celle-ci se distingue immédiatement par sa tenue : une salopette rouge, et un tricot rayé. Caroline souriante et décontractée retrousse le bas de son pantalon et s'installe à  jamais dans le cœur des petites filles. La même année, Casterman publie la première aventure de Martine, sur un scénario de Gilbert Delahaye et des dessins de Marcel Marlier. Les deux fillettes ont approximativement le même âge, mais Martine reste une petite fille très conventionnelle, son quotidien est le même que celui de ses petits lecteurs, la fillette semble parfaite, elle est sage, obéissante, inventive, aimée par ses parents et ses nombreux amis. Seul Patapouf le chien apporte une touche de fantaisie grâce à ses bêtises. Marcel Marlier croque avec brio la nature et arrive à faire ressentir l'ambiance de chaque instant. Caroline, quant à elle, n'a rien d'une fillette classique : ses compagnons au nombre de sept se nomment Pouf, Pitou,

Kid, Pipo, Noiraud, Bobi et Boum. Ce sont des bébés animaux qui parlent, s'habillent et agissent comme des humains ! Sans jamais grandir, ils vivent avec Caroline des aventures désopilantes, voyagent dans le monde entier et cumulent bêtises et farces diverses. Le concept est révolutionnaire, les garçons s'attachent eux aussi à cette joyeuse petite bande. Les enfants ont accès, pour la première fois, à des histoires drôles et modernes.

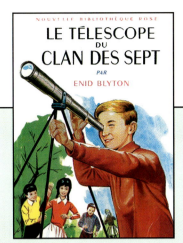

L'INTUITION GÉNIALE DE LA MAISON HACHETTE

Les enfants évoluent, de plus en plus, dans une société en pleine mutation. Un âge charnière est en train d'apparaître. Les éditions Hachette qui avaient eu au XIXe siècle le génie de créer autour de leur auteur phare, la comtesse de Ségur, une collection entière, récidivent au XXe en achetant les droits des œuvres de la très prolifique romancière anglaise Enid Blyton. Publier, en 1955, les aventures policières de quatre enfants et d'un chien semble un pari audacieux, car les livres veulent conquérir un lectorat non seulement mixte, mais allant de sept à douze ans, du jamais vu.

LE CLUB DES CINQ

Le succès du *Club des Cinq* est pourtant immédiat. Les illustrations de Simone Baudouin croquent habilement des enfants des années 50, et chaque lecteur peut se retrouver dans un des personnages : Annie, petite fille sage et Claudine, véritable « garçon manqué ». Sa personnalité explosive, son courage et sa hardiesse la font, d'après l'auteur, ressembler à un garçon. Elle masculinise son prénom en « Claude » et affronte tous les problèmes que peuvent lui poser, à cette époque, une telle initiative. L'aîné François se montre réfléchi et raisonnable, tandis que Mick est plus désinvolte, taquin et spontané. Dans ce récit, particulièrement avant-gardiste, les enfants bénéficient d'une liberté incroyable. Ils se mettent perpétuellement en danger. Malgré cela, des valeurs morales sont sans cesse égrenées, et François ne manque pas de rappeler à Claude qu'elle n'est qu'une fille.

LE CLAN DES SEPT

En 1957, Hachette publie *Le Clan des Sept*. Quatre garçons et trois filles résolvent des aventures policières. Si les grottes et les gargantuesques pique-niques chers à Enid Blyton sont toujours au rendez-vous, le contexte est un peu différent. Les sept amis mènent une vie d'écoliers classiques et vivent près de leurs parents. Mais surtout, contrairement au Club des cinq, ils se trouvent confrontés à d'autres enfants, en particulier à Suzy, l'insupportable sœur de Jacques. Toujours dans la Bibliothèque Rose paraît une partie de la série des *Mystères* du même auteur.

LES ÉDITIONS G.P. TENTENT DE RÉAGIR

La collection Rouge et Or Dauphine propose des livres pour la même tranche d'âge, mais se maintient dans un registre classique. Il faut attendre les années 60 pour qu'elle se lance, à son tour, dans des séries enfantines mettant en scène des enfants de l'âge de ses petits acheteurs.

DES PETITS ACHETEURS TRÈS DÉTERMINÉS

Louis Hachette avait été, en son temps, le premier à démocratiser le livre pour adultes puis celui pour enfant. Il créa un grand élan populaire vers la lecture. Dans les années 50, ses successeurs réussissent un autre pari. Les enfants achètent maintenant eux-mêmes, chez leur libraire, les petits romans à la tranche rose. Ils dépensent leur argent de poche en priorité pour cela, se plaisent à les collectionner, et retrouvent avec plaisir des héros qui leur ressemblent dans des aventures qu'ils aimeraient vivre. ■

▼ *Les Albums du Père Castor proposent des versions originales des contes de Perrault et de Grimm pour les plus petits. Les lunettes sont fournies, elles permettent aux enfants de découvrir, en couleur et en relief, les dessins noir et blanc.*

◀◀ *La magie des albums offerts aux étrennes ou aux anniversaires...*

Livres
Les livres pour ados dans les années 60

▲ *Puck la petite écolière danoise lit un des ouvrages Rouge et Or des Éditions G.P. où paraissent ses aventures.*

▲ *Parmi les séries des Mystères d'Enid Blyton, celle mettant en scène les quatre détectives et leur chien est sans conteste la plus drôle.*

LES AUTEURS ÉTRANGERS À LA RESCOUSSE

Jusqu'ici, les jeunes lecteurs quittaient *L'Île au trésor* pour se retrouver directement *Du côté de chez Swann*, l'enfance se précipitait dans le monde des adultes sans précaution ni passation. Les éditeurs doivent s'adapter à une nouvelle catégorie de lecteurs, ces « adolescents » dont parle le sociologue Edgar Morin, en proposant des ouvrages qui leur correspondent. Ils se tournent vers l'étranger et en particulier vers les pays anglo-saxons qui offrent déjà ce type de lectures.

Dès 1955, la Bibliothèque Verte propose aux jeunes filles les aventures d'une étudiante américaine, *Alice*, signées Caroline Quine. Immédiatement, les lectrices en redemandent. Si les enquêtes policières les amusent, elles sont surtout fascinées par le mode de vie de l'héroïne et de ses amies qui évoluent dans un environnement luxueux et confortable. Un confort ignoré d'une majorité de jeunes Français. Dans une ambiance de pensionnat, l'Idéal Bibliothèque, chez Hachette, choisit une fois de plus Enid Blyton pour dépeindre les facéties et les aventures de collégiennes anglaises de l'âge de treize ans jusqu'à dix-huit ans dans la série des Jumelles. Les garçons s'esclaffent, eux, avec l'inénarrable Bennett et son complice Mortimer d'Anthony Buckeridge. Tout comme Fatty et ses complices détectives de la série des *Mystères* d'Enid Blyton, ces ouvrages désopilants sont à la frontière de l'enfance et de l'adolescence. Les plus jeunes les lisent avec jubilation car ils mettent en scène des enfants plus âgés qu'eux, les plus grands les dévorent comme une bande dessinée, le soir dans leur lit.

Autre pensionnaire, danoise cette fois, Puck mène des enquêtes avec ses amis, mais son seul but est d'apporter bonheur et sérénité à des adolescents mal dans leur peau qui bien souvent refusent son aide.

LA RELÈVE FRANÇAISE

Écrivain et traducteur – notamment de la série *Bennett* Olivier Séchan livre à son tour des romans policiers, intelligents et bien enlevés, destinés à la jeunesse dans la Bibliothèque Verte et l'Idéal Bibliothèque. Quant à Georges Bayard, il crée en 1958 Michel, un garçon de quinze ans qui vit avec son cousin Daniel et son ami Arthur de périlleuses équipées. Sportifs et équilibrés, les trois amis se montrent francs et courageux dans toutes les situations. L'esprit de camaraderie caractérise également les Six Compagnons et leurs chiens, des jeunes Lyonnais débrouillards qui prennent vie, en 1961, sous la plume d'un instituteur, Paul-Jacques Bonzon. À sa mort, Olivier Séchan continue d'animer cette joyeuse bande de « gones » pour la plus grande joie de ses amateurs. Abandonnant des héros adolescents pour de jeunes adultes, Vladimir Volkoff raconte, sous le nom de *Lieutenant X*, les missions de l'agent secret Lancelot, tandis que Vanni Taldi, choisit, lui, le jeune reporter Jacques Rogy pour la collection Spirale des Éditions G.P.

UNE LITTÉRATURE POUR « ELLES »

Les adolescentes ont maintenant accès à une littérature mixte. Pourtant, tout un pan des

   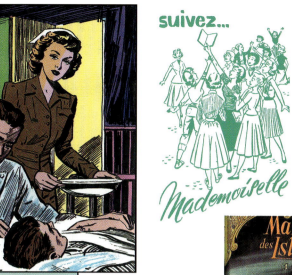

ouvrages destinés à la jeunesse leur est exclusivement réservé, il s'agit des livres sentimentaux. La gamme est très étendue, il peut aussi bien s'agir de la série des *Sissi* d'Odette Ferry que de celle des *Flicka*. La vie dramatique et romantique de la belle impératrice, les bals, les toilettes, l'amour absolu enchantent les jeunes filles tout autant que le quotidien des O'Hara, une famille de Ranchers vivant dans le Wyoming. D'un côté, les fastes de la cour, de l'autre, la nature et ses animaux, Joan Aiken concilie le tout dans son magnifique *Sylvia et Bonnie au pays des loups*. Deux petites Russes issues de la noblesse se trouvent jetées dans le malheur et le désespoir. Dans la neige immaculée de la steppe, poursuivies par des loups affamés, les héroïnes arriveront à braver les pires épreuves grâce à leur courage.

Dans *Adieu mes quinze ans* de Claude Campagne ou *Mon village au bord du ciel* de Saint-Marcoux, ce sont les états d'âme des adolescentes qui sont présentés. Cette difficile étape paraît impossible à franchir, et retrouver des héroïnes subissant les mêmes affres en apaise plus d'un.

DES LIVRES À L'EAU DE ROSE

Une catégorie de jeunes filles opte pour des livres encore plus romanesques, voire, au dire de certains, sirupeux. Les romans de Konsalik en sont un exemple atténué à côté de la grande prêtresse du genre, Barbara Cartland. Slaughter opte, lui, pour le corps médical. Le lord devient médecin et la tendre pucelle, une belle infirmière. Les lectrices à la recherche d'émois sur fond d'intrigues mélodramatiques trouvent dans la production de Guy des Cars une source presque inépuisable.

Dans la collection Lecture et loisir, à côté de la Cosette de Victor Hugo, l'infirmière chef Cherry Ames d'Helen Wells soigne, elle aussi, avec dévouement les corps et les âmes.

Consciente de ces attentes, les éditions Marabout lancent, parallèlement à leurs séries pour garçons, la collection Mademoiselle où s'illustre *Sylvie* : le succès est au rendez-vous.

UNE LITTÉRATURE POUR « EUX »

En ces années 50, la présence des « classiques » se mesurait aisément sur les rayonnages de bibliothèque des chambres de garçon. Les romans d'aventure et d'anticipation de Jules Verne figuraient en première place des cadeaux couramment offerts. Le succès de certaines adaptations cinématographiques facilita la lecture du *Ben-Hur* de Lewis Wallace ou du *Quo Vadis* de Henryk Sienkiewicz, auprès de « têtes blondes » pétries des *Contes et légendes du monde grec et barbare,* fleuron de la célèbre collection des éditions Nathan.

HISSEZ LA GRAND-VOILE

Gourmands d'aventures au long cours, nous n'avions pas de mal à nous identifier à Jim, le protagoniste de *L'Île au trésor* de Robert-Louis Stevenson ou à Edgar, le garçon infirme et solitaire à la recherche de son père dans *Le Voyage d'Edgar* d'Edouard Peisson. Dans cet élan, les souvenirs du navigateur Alain Gerbault reposaient souvent non loin du *Mermoz*

▲ *Michèle Mercier dans* Merveilleuse Angélique *(1965) de Bernard Borderie. Les romans à succès d'Anne et Serge Golon donnèrent lieu à cinq films devenus cultes. Quatre ans plus tôt, le cinéaste Georges Combret adaptait* Marie des Isles, *la série de Robert Gaillard, avec la sublime Belinda Lee...*
© Rue des Archives/CSFF

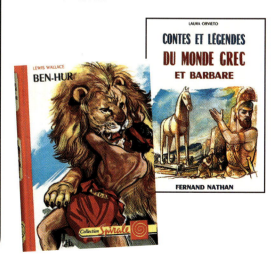

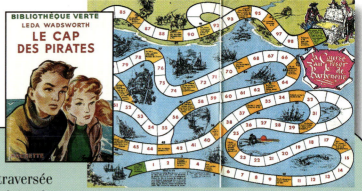

de Joseph Kessel. Entre la première traversée de l'Atlantique en solitaire et les exploits du créateur de la ligne France-Amérique du Sud, pionnier de l'aéropostale, une même lignée se dessinait.

De l'appel du large à *L'Appel de la forêt*, en passant par *Croc-Blanc*, il y avait là aussi un pas vite franchi. Les romans de Jack London nous conduisaient aux récits de James-Oliver Curwood. *Les Chasseurs d'or*, *Les Chasseurs de loup* ou *Grizzli* donnaient ainsi aux froids d'hiver un avant-goût d'aventure.

Notre appétit trouva soudain dans l'apparition de séries le bonheur de prendre date avec des personnages récurrents dont nous allions pouvoir suivre les péripéties... dans l'attente impatiente de la publication suivante.

toires de science-fiction, domaine que nous découvrions pour la première fois en dehors des sentiers anoblis par Jules Vernes.

TOUJOURS PRÊTS

La saga du *Prince Éric* de Serge Dalens et les histoires de boy-scouts publiées dans la collection Signe de Piste disputaient à *Biggles* nos désirs d'évasion. À la tête de la maison d'édition à partir de 1954, Serge Dalens et Jean-Louis Foncine alternaient nouveautés et rééditions de titres publiés avant guerre. Point commun de ces récits, la nostalgie de l'Ancien Régime et d'une époque où les valeurs traditionnelles – courage, virilité, amitié, sens de l'honneur... – prévalaient.

« BIGGLES »

De 1946 à 1963, son nom sonna comme un nom de code. À sa seule évocation s'ouvraient les portes d'un monde bien éloigné de notre quotidien. Nous devions au mystérieux Captain W. E. Johns ces nombreux récits. Ancien militaire lui-même, il avait fait d'un pilote de la Royal Air Force (RAF) le héros d'une collection où les épisodes mêlaient histoires de guerre et aventures aux quatre coins du monde. Publiées en France aux Presses de la Cité, les trépidantes missions de *Biggles* voisinaient d'ailleurs avec des volumes non plus signés mais présentés par le Captain W. E. Johns. Une fois encore, le goût du public induisait la présence de pirates à côté d'his-

D'UN VERNE À L'AUTRE...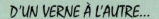

« Il passa lentement la main droite ouverte dans ses cheveux en brosse. » Le 16 décembre 1953, l'avion américain XIA atteint deux fois la vitesse du son et, de Belgique, nous arrive un héros moderne dénommé Bob Morane sous la plume du prolifique romancier Henri Vernes.

Bob Morane propulse dès sa première aventure – *La Vallée infernale* – la collection Marabout junior à la première place. Issues elles aussi du scoutisme et de son environnement éditorial, les éditions Gérard & Cie initient avec Marabout junior « la collection jeune pour tous les âges », le premier espace spécifiquement et ouvertement destiné aux adolescents.

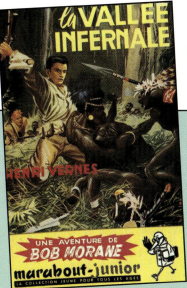

100 000 EXEMPLAIRES MINIMUM...

Loin des 8 000 exemplaires du tirage initial de *La Vallée infernale*, le succès emporte le commandant Morane et son fidèle compagnon d'infortune Bill Ballantine sur les cimes des ventes. À cette époque, les cinquante premiers volumes vont connaîtrent quatre à cinq rééditions, de 15 000 à 20 000 exemplaires chacune.

Morane affronte pêle-mêle des sectes – *La Marque de Kali* –, des gangs organisés – *Panique dans le ciel* ou *Requins d'acier* – des savants fous – *Les Faiseurs de désert* ou *Oasis K* –, et une galerie de « superméchants » dont Roman Orgonetz et surtout Ming, la terrible « Ombre jaune » dont nous redoutions les pièges, découverts sous les couvertures à la lumière d'une lampe de poche.

ROMANS DE GARE

D'autres héros de séries romanesques, moins vertueux, s'installaient périodiquement dans les tourniquets des halls de gare et à la devanture des marchands de journaux. Jugée avec un mépris souverain au sein d'innombrables familles, la littérature dite de genre (policier, espionnage, science-fiction, fantastique...) offrait chaque mois et à un prix modique, à des centaines de milliers de lecteurs, un passeport vers l'aventure et l'au-delà. À côté des histoires de l'agent Francis Coplan FX 18 et autre Monsieur Suzuki que nous tentions de dérober à nos pères, les volumes des collections Anticipation et Angoisse des éditions Fleuve noir, écrits pour la plupart – époque oblige – sous pseudonyme à consonance américaine, répondaient à un désir croissant d'aventures « extraordinaires », loin, fort loin des lectures « saines » que nous recommandaient maints parents et professeurs. ■

NOS PREMIÈRES VAMPS

À l'instar des « femmes fatales », grandes prêtresses du cinéma d'action qui enchantaient nos séances du week-end et du jeudi après-midi, Henri Vernes sollicita notre imagination et mit parfois à mal notre libido post-pubère. Sophia Paramount, Tania Orloff ou Miss Ylang-Ylang accompagnaient ainsi nos escapades par procuration. Paladin toujours disposé à se battre pour le faible et l'opprimé, courageux et désintéressé, Bob Morane, tel le chevalier Bayard, héros sans peur et sans reproche, demeurait, lui, un modèle à imiter.

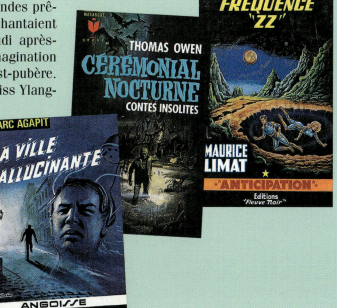

Livres

Les albums de BD dans les années 60

ÉTRENNES 1958 — CINQ NOUVEAUX ALBUMS VEDETTES

DE 7 À 77 ANS

Posséder un album de bande dessinée, un privilège en ce temps-là... Spécialité franco-belge, l'album cartonné demeure un bien précieux et un cadeau réservé aux grandes occasions (Noël, anniversaire, bulletin scolaire d'exception...), une production essentiellement issue des éditions du Lombard, Dupuis, Casterman et Dargaud.

Dans le cœur des petits comme des grands, Tintin, le jeune reporter, conserve une place de choix et, pour beaucoup, la première. *Objectif Lune* (1953), *On a marché sur la Lune* (1954), *L'Affaire Tournesol* (1956), *Coke en stock* (1958), *Tintin au Tibet* (1960) et *Les Bijoux de la Castafiore* (1963) permettent ainsi de retrouver son fidèle chien Milou, le capitaine Haddock et son majordome Nestor, le professeur Tournesol, sans oublier les Dupont et Dupond, une merveilleuse galerie de protagonistes née de l'imagination d'Hergé.

Autres copains de notre enfance, Spirou et Fantasio vivent, eux aussi, de palpitantes aventures – *Les Voleurs du marsupilami* (1954), *La Corne de rhinocéros* (1955), *Le Dictateur et le champignon* (1956), *La Mauvaise Tête* (1956), *Le Repaire de la murène* (1957), *Les Pirates du silence* (1958), *Le Gorille a bonne mine* (1959), *Le Nid des marsupilamis* (1960)... *Z comme Zorglub* (1961), *L'Ombre du Z* (1962) –, dues au génial Franquin.

NOS AMIS DE LA FORÊT

Les péripéties du chevalier Johan et de son facétieux serviteur Pirlouit conduisirent une génération d'enfants à rêver d'un Moyen Âge assurément plus fantaisiste que celui de nos manuels, un engouement accru avec l'apparition des « petits hommes bleus » dans *La Flûte à six Schtroumpfs* (1960). Conscient de cette valeur ajoutée, Peyo nous offrit bientôt une série entièrement dédiée à leurs aventures. Autres bosquets où nous aurions aimé nous glisser, ceux de Raymond Macherot, le père de Chlorophylle, le petit lérot éternellement en butte à l'horrible rat Anthracite. Ces aventures alliaient un humour irrésistible à un sens de la caricature des travers de l'humanité que n'aurait certainement pas désavoué le dessinateur Calvo.

IL ÉTAIT UNE FOIS DANS L'OUEST...

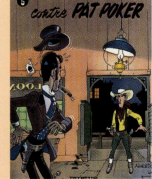

Rigoler restait, avec la recherche du rêve et de l'évasion, notre objectif prioritaire et la raison, au désespoir de nos familles, de cette passion pour les « illustrés ». Le Far West, cet espace d'aventures et de liberté que nous nous plaisions à recréer pendant nos heures de jeu, devenait avec le Lucky Luke de Morris un univers désopilant où les personnages, qu'ils soient (Ran-Tan-Plan, les Dalton...) ou non récurrents, nous garantissaient un dépaysement complet.

« Golden Creek », Jerry Spring *par Jijé.*
© Éd. J. Dupuis, 1955

Cooper, il fallait dévorer les Jerry Spring de Jigé pour « entendre » la détonation des Winchester et « transpirer » sous le soleil de plomb.

Ces sensations de « salles obscures », nous les avions également avec le Red Ryder de Fred Harman, l'ancêtre, le modèle d'avant-guerre, dont nous pouvions découvrir les chevauchées grâce aux albums des éditions Dupuis, mais il fallut attendre l'arrivée du Lieutenant Blueberry, en 1963, pour être certain de l'avenir de leur descendance...

Autre western humoristique, animalier en l'occurrence, le Chick Bill de Tibet et Greg se révéla une belle réussite et nous guettions, là aussi, les nouvelles aventures de ce sympathique cowboy et de ses compères Petit Caniche, Dog Bull et Kid Ordinn.

Quant à l'Ouest, le vrai, celui des westerns avec John Wayne ou Gary

PASSEPORT POUR L'HISTOIRE

La tradition réaliste de l'aventure historique s'illustra, au cours des années 50, au sein de nouvelles séries. Les amateurs de peplum, particulièrement nombreux alors, adoptèrent le *Alix* de Jacques Martin, ce jeune éphèbe gaulois élevé par des Romains qui évoluait toujours dans des décors dignes des superproductions d'Hollywood ou de Cinecitta.

Académisme et brio caractérisaient aussi les histoires de Corentin de Paul Cuvelier. D'autres, enfin, voguaient vers l'aventure dans le sillon du Barbe-Rouge d'Hubinon et de Charlier. Devenu ainsi le Jim de *L'Île au trésor*, ils s'échappaient du quotidien grâce à la geste des « frères de la côte ».

ENQUÊTE D'AVENTURE...

Cette soif de mystères, d'intrigues et de rebondissements s'apaisait souvent dans les missions et enquêtes d'aventuriers modernes nommés Blake et Mortimer, Bob Morane, Marc Dacier ou Ric Hochet.

Agents de l'Intelligent Service – les services secrets britanniques –, le capitaine Blake et le professeur Mortimer captivèrent une génération entière dans les albums d'E.-P. Jacobs – *Le Secret de l'espadon* (1950), *Le Mystère de la grande pyramide* (1954), *La Marque jaune* (1956), *L'Énigme de l'Atlantide* (1957), *SOS météores* (1959) et *Le Piège diabolique* (1962) – où la qualité des intrigues le disputait à la perfection des dessins.

Signe des temps, l'invraisemblable succès des romans d'Henri Vernes aiguilla Bob Morane et son comparse Bill Ballantine dans le monde des phylactères, sous le pinceau d'Attanasio, puis sous celui de Forton. Les chevaliers modernes avaient le vent en poupe.

Les journalistes détectives, Marc Dacier de Paape et Charlier, et Ric Hochet de Tibet et Duchâteau, profitèrent de cet engouement à l'heure où *Le Saint* dominait sur le petit écran. Les aventures de la Patrouille des Castors de Mitacq et Charlier nous offraient, elles, la possibilité de nous identifier plus facilement encore à leurs acteurs grâce au jeune âge de ces scouts, parents proches des héros de la collection Signe de Piste.

À ceux que le sérieux pesant de ces séries rebutait, Tillieux proposait avec son Gil Jourdan une bande policière humoristique ponctuée de morceaux d'anthologie – *Libellule s'évade* (1959), *Popaïne et vieux tableaux* (1959), *La Voiture immergée* (1960), *Les Cargos du crépuscule* (1961), *L'Enfer de Xique-Xique* (1962), *Surboum sur quatre roues* (1963), *Les Moines rouges* (1964) ou *Les Trois Taches* (1965) – dans lesquels on ne lassait pas de croiser son adjoint Libellule et l'inénarrable inspecteur Crouton.

GIL JOURDAN

AU POSTE DE COMBAT

Enfants des années 50, enfants de la guerre et, au minimum, de ses souvenirs, nous avons grandi devant les exploits magnifiés des aviateurs américains luttant contre l'ennemi japonais pendant la campagne du Pacifique. John Wayne incarnait, une nouvelle fois, l'archétype de notre héros absolu. Cette épopée des pilotes de guerre de l'US Air Force s'incarna en BD dans le *Buck Danny* d'Hubinon et Charlier. Après avoir « épuisé » les ressources de la Seconde Guerre mondiale et de la guerre de Corée, Buck Danny et ses camarades épousèrent les affres de la diplomatie américaine en ces temps de Guerre froide.

La popularité de notre officier préféré, cousin de *Biggles* et de *Steve Canyon*, suscita, concurrence oblige, l'apparition du *Dan Cooper* de Weinberg et Charlier. L'aspect science-fictionnel de ses missions n'avait rien pour nous

INTERDIT AUX MINEURS

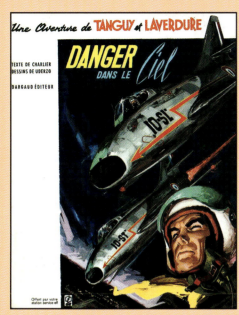

Apparue dans *V Magazine* (1962), la Barbarella (1964) de Forrest ouvrit le champ de ce que l'on qualifia de « bande dessinée pour adultes ». Malgré les coups répétés de la censure, l'éditeur Eric Losfeld publia, outre *Barbarella* (1964), une série d'albums « interdits à l'affichage et à la vente aux mineurs de moins de dix-huit ans », aussitôt convoités par les adolescents les plus audacieux – *Scarlett Dream* (1967) de Gigi et Moliterni, *Les Aventures de Jodelle* (1966) et *Pravda la surviveuse* (1968) de Guy Peellaert ou *Valentina* (1969) de Crepax – et devenus, depuis longtemps, des « classiques ». Un nouveau chapitre s'ouvrait... ∎

déplaire. Dans les airs, encore et toujours, avec les « chevaliers du ciel » *Tanguy et Laverdure* d'Uderzo et Charlier, sous la cocarde, une fois n'est pas coutume, de la patrouille de France. Les acrobaties aériennes et les intrigues de tarmac se doublèrent, enfin, avec le *Michel Vaillant* de Jean Gratton, d'aventures automobiles où les courses et championnats fournissaient un cadre traversé de pilotes bien réels, croqués avec talent, au cœur de l'une des séries les plus populaires de l'époque.

Le cinéma
et les enfants dans les années 50

▲ Peter Pan *(1953)*. © Rue des Archives/BCA

▲ Cendrillon *(1950)*. © Rue des Archives/BCA

▲ La Belle et le Clochard *(1955)*. © Rue des Archives/CSFF

▲ Les 101 Dalmatiens *(1961)*.
© Rue des Archives/BCA

CINÉMA PERMANENT

La perspective de la séance de cinéma du samedi soir ou du jeudi après-midi possédait un intense pouvoir attractif en ces temps de télévision balbutiante. L'aventure *made in* Hollywood ou Cinecitta s'affichait haut en couleur au frontispice de salles baptisées de noms fortement évocateurs (Royal, Empire, Forum, Rialto, Opéra, Pax...). Les motifs visuels accrocheurs, le titre, le nom des acteurs, tout concourait à attirer le spectateur à l'intérieur des salles obscures. La grandeur de l'espace et le luxe apparent des éléments de décor achevaient de le préparer psychologiquement à vivre maints exploits par procuration. Dans une France où les couleurs demeuraient rares, le Technicolor et le Cinémascope constituaient les clés d'un monde merveilleux encore disponible à prix modique.

L'EMPIRE DISNEY

Sans contestation aucune, Walt Disney assume la paternité de nos premières émotions de spectateurs. Depuis la sortie de *Blanche neige et les sept nains* (1937), ses studios concoctent d'innombrables courts métrages, et des longs métrages réservés aux fêtes de fin d'année.

Nouveautés – *Cendrillon* (1950), *Alice au pays des merveilles* (1952), *Peter Pan* (1953), *La Belle et le Clochard* (1955), *La Belle au bois dormant* (1959) et *Les 101 Dalmatiens* (1961) – et reprises de « grands classiques » – *Pinocchio* (1940) ou *Bambi* (1942) – sacrent des séances de cinéma exceptionnelles... doublées du plaisir des « productions Walt Disney », non plus cette fois des dessins animés, mais de véritables films joués par des acteurs éblouissants. Ces adaptations des romans de Jules Verne – *20 000 lieues sous les mers* (1954) de Richard Fleisher et *Les*

File d'attente devant le cinéma Rex à Paris le 23 avril 1961 pour voir le film Le Capitaine Fracasse *de Pierre Gaspard-Huit.* © Rue des Archives/AGIP

▲ Bambi *(1942)* et Pinocchio *(1940)*. © Rue des Archives/BCA

▼ James Mason dans 20 000 Lieues sous les mers (1954) de Richard Fleisher. © Rue des Archives/BCA

▲ Robert Newton et Bobby Driscoll dans L'Île au trésor (1950) de Byron Haskin. © Rue des Archives/BCA

▼ La Guerre des boutons (1961) d'Yves Robert. © Rue des Archives/CSFF

LE SIROP DE LA RUE

Crin blanc (1952), *Le Ballon rouge* (1955), *Le Voyage en ballon* (1960) d'Albert Lamorisse, *Le Cerf-volant du bout du monde* (1957) de Roger Pigaut et *La Guerre des boutons* (1961) d'Yves Robert – voire *Le Grand Chef* (1958) d'Henri Verneuil – possédaient à nos yeux une inestimable valeur ajoutée. Les héros étaient des gamins auxquels on pouvait s'identifier sans peine. Ils nous ressemblaient tellement... Une identification que nombre d'entre nous cultivèrent plus encore avec les protagonistes de *Mon oncle* (1958) de Jacques Tati et des *Quatre cents coups* (1959) de François Truffaut, nous les enfants de la « génération Antoine Doisnel ».

Enfants du capitaine Grant (1962) de Robert Stevenson – sont ainsi restées gravées dans toutes les mémoires.

▲ Georges Sanders et Maurice Chevalier dans Les Enfants du capitaine Grant (1962) de Robert Stevenson. © Rue des Archives/AGIP

▲ Jean-Pierre Léaud à l'affiche dans Les Quatre Cents Coups (1959) de François Truffaut. © Rue des Archives/RDA

▲ Ben Hur *(1959)* de William Wyler.
© Rue des Archives/BCA

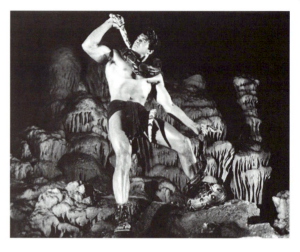

▼ Kirk Morris dans Maciste en enfer *(1960)* de Riccardo Freda. © Rue des Archives/BCA

HÉROS ET DEMI-DIEUX

Loin des manuels de latin abhorrés, l'Antiquité des peplum, revue et corrigée avec outrage, nous réconciliait avec nos « ancêtres les Gaulois »... Aux superproductions bibliques américaines – de *Quo Vadis* (1951) de Mervyn LeRoy à *Ben Hur* (1959) de William Wyler en passant par *Les Dix Commandements* (1958) de Cecil B. DeMille –, nous préférions les aventures historico-mythologiques tournées – souvent à l'économie – en Italie. Le succès des *Travaux d'Hercule* (1958) de Pietro Francisci avait donné lieu à une suite – *Hercule et la reine de Lydie* (1959) – et ouvert la voie à un déferlement de culturistes sculpturaux dont les pseudonymes rimaient, à nos yeux, avec exploits.

Grec ou Romain, demi-dieu (Hercule) – *La Vengeance d'Hercule* (1960) ou *Hercule à la conquête de l'Atlantide* (1961) de Vittorio Cottafavi... – ou homme du peuple (Maciste) – *Maciste contre le fantôme* (1961) de Sergio Corbucci, *Maciste contre les monstres* (1962) de Riccardo Freda... –, la force physique avait toujours raison des tyrans et de leurs séides.

Au fil des mois, chaque page de nos livres d'histoire – *La Révolte des gladiateurs* (1958) et *Les Légions de Cléopâtre* (1960) de Vittorio Cottafavi ou *Romulus et Remus* (1961) et *Le Fils de Spartacus* (1962) de Sergio Corbucci – s'illustrait sur grand écran. Le souci de véracité, pour notre plus grande joie d'amateurs de péripéties délirantes, n'inhibait assurément pas les scénaristes. Les anachronismes, les rencontres de personnages imaginaires et de figures historiques, et les libertés en tout genre caractérisaient ces productions fondées sur la volonté de divertir. Quitte à sauter avec allégresse d'un chapitre à un autre de l'histoire des champs de bataille – *La Terreur des barbares* (1959) de Carlo Campogalliani, *La Charge des cosaques* (1959) de Riccardo Freda, *Les Mongols* (1961) d'André de Toth et Riccardo Freda, *La Ruée des Vikings* (1961) de Mario Bava ou *La Terreur des Kirghiz* (1964) d'Antonio Dawson.

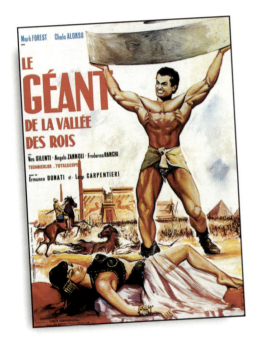

▼ Steve Reeves et Gabriele Antonini dans Hercule et la reine de Lydie *(1959)* de Pietro Francisci. © Rue des Archives/BCA

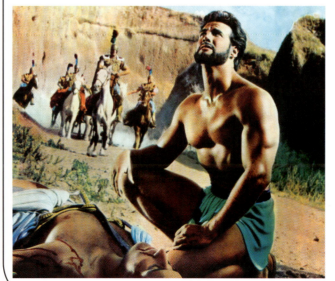

▲ Steve Reeves dans Les Travaux d'Hercule *(1958)* de Pietro Francisci. © Rue des Archives/BCA

TOUCHEZ MA BOSSE, MONSEIGNEUR

La présence du frétillant Stewart Granger, digne héritier du bel Errol Flynn, nous garantissait élégance, panache et maîtrise du fleuret. Grâce à lui, *Scaramouche* (1952) de George Sydney, *Le Prisonnier de Zenda* (1952) de Richard Thorpe ou *Les Contrebandiers de Moonfleet* (1955) de Fritz Lang, régulièrement reprogrammés dans les salles de quartier, nous initiaient aux films de cape et d'épée. Modèle de milliers de garçonnets, Jean Marais identifiait en France le genre à lui seul, et *Le Bossu* (1959), *Le Capitan* (1960) d'André Hunebelle ou *Le Capitaine Fracasse* (1961) de Pierre Gaspard-Huit suscitèrent des heures interminables de duels à l'épée de bois. Conscients de cet engouement, les producteurs avisés multiplièrent les offres, Gérard Landry, Gérard Barray – *Le Chevalier de Pardaillan* (1962) et *Hardi Pardaillan !* (1963) de Bernard Borderie –, Lex Barker – *Le Lion de Saint-Marc* (1964) et *Le Bourreau de Venise* (1964) de Luigi Capuano –, et même Alain Delon – *La Tulipe noire* (1963) de Christian-Jaque...

▶ *Lex Barker dans* Robin des Bois et les pirates *(1960) de Giorgio Simonelli.* © Rue des Archives/AGIP

« À L'ABORDAGE »

Parent proche du film de cape et d'épée, le film de pirates s'ancrait à nouveau dans les salles de cinéma. Dans le sillon de Lex Barker – *Les Pirates de la côte* (1961), *La Terreur des mers* (1961), *Le Secret de l'épervier noir* (1961), *Le Boucanier des îles* (1961), *L'Île aux filles perdues* (1962) de Domenico Poalella –, ou de Gérard Barray – *Surcouf le Tigre des sept mers* (1967) et *Tonnerre sur l'océan indien* (1967) de Sergio Bergonzelli –, les spadassins prenaient le large et nous invitaient à reproduire l'île de la Tortue à l'aide de nos figurines Starlux. Dans une veine cousine, les adaptions des romans de l'écrivain italien Emilio Salgari – *Le Trésor de Malaisie* (1965) et *Les Mystères de la jungle noire* (1965) de Luigi Capuano – nous offraient avec le pirate malais Sandokan un nouveau cadre de dépaysement. ∎

◀ *Deborah Kerr et Stewart Granger dans* Le Prisonnier de Zenda *(1952) de Richard Thorpe.* © Rue des Archives/FIA

▼ *Christian-Jaque, Alain Delon et Dawn Addams lors du tournage de* La Tulipe noire *(1963).* © Rue des Archives/AGIP

▲ *Gérard Barray dans* Surcouf, le Tigre des sept mers *(1966) de Sergio Bergonzelli.* © Rue des Archives/AGIP

Le cinéma et les ados dans les années 60

▶▶ *Kirk Douglas, Burt Lancaster, John Hudson et Defore Kelley dans* Règlement de comptes à OK Corral *(1957) de John Sturges.*
© Rue des Archives/BCA

▲ *Randolph Scott dans* L'Aventurier du Texas *(1958) de Budd Boetticher.*
© Rue des Archives/BCA

▶▶ *Yul Brynner, Steve McQueen, Horst Bucholtz, Charles Bronson, Robert Vaughn, Brad Dexter et James Coburn dans* Les Sept Mercenaires *(1961) de John Sturges.* © Rue des Archives/CSFF

▼ *Clint Eastwood dans* Pour une poignée de dollars *(1964) de Sergio Leone.*
© Rue des Archives/BCA

« À L'OUEST, DU NOUVEAU... »

Domaine chéri des garçons, petits et grands, le western demeure, en ces années, le genre dominant. John Wayne, James Stewart, Burt Lancaster, Kirk Douglas... et les « stakhanovistes » du genre – John Payne, Randolph Scott ou Audy Murphy – composent une galerie idéale de redresseurs de torts. Autant de modèles à imiter, un colt à amorces à la main... À l'aube des sixties, une nouvelle génération de comédiens apparaît. *Les Sept Mercenaires* (1961) de John Sturges révèle d'un coup Steve McQueen, Charles Bronson ou James Coburn. À pareille époque, devant la concurrence impitoyable de la télévision et face à la réduction d'activité des grands studios, de nombreux acteurs se tournent vers le petit écran. Clint Eastwood s'impose ainsi, à partir de 1959, dans la série *Rawhide* (inédite en France jusqu'en 1986). Remarqué par un réalisateur italien, il s'envole pour la péninsule et interprète *Pour une poignée de dollars* (1964) puis *Et pour quelques dollars de plus* (1965). Signés Bob Robertson, les deux longs métrages de Sergio Leone fondent – avec *L'Homme du Minnesota* (1964) de Sergio Corbucci – le « western italien ». Après le succès de *Django* (1966) de Corbucci et de *Le Bon, la brute et le truand* (1966) de Leone, plusieurs centaines de westerns dits « spaghetti » projettent en quelques années d'innombrables *bounty-killers* dénommés Ringo, Django, Sartana ou Trinita sur les toiles de nos cinémas de quartier.

MISSIONS SPÉCIALES...

« Réfléchir avec ses poings » pourrait être la devise de nos agents secrets et de nos détectives privés favoris. Sous l'influence conjuguée du « film noir » américain et des écrivains français de la « série noire » – Albert Simonin, Auguste Le Breton ou Michel Lebrun... –, les producteurs multiplient les adaptations de romans de gare. Sous les traits de Lino Ventura – *Le Gorille vous salue bien* (1957) – ou de Roger Hanin – *La Valse du Gorille* (1959) –, le « Gorille », le héros de l'écrivain et authentique agent des services français Dominique Ponchardier, défonce les portes et envoie ses ennemis au tapis avec l'entrain de nos catcheurs favoris devant la caméra de Bernard Borderie. Petit-maître du cinéma d'action, Borderie a initié avec *La Môme Vert-de-Gris* (1952) les adaptations des Lemmy Caution de Peter Cheyney interprétées par le plus français des Américains, Eddie Constantine. Quelques mois après la sortie de *Lemmy pour ces dames* (1961) du même Borderie, le premier opus de la transposition des James Bond de Ian Fleming – *James Bond contre le Dr No* (1962) de Terence Young – pré-

▼ Eddie Constantine dans le rôle de Lemmy Caution. © Rue des Archives/AGIP

▶▶ Fernandel dans La Grande Bagarre de Don Camillo (1955) de Carmine Gallone. © Rue des Archives/CSFF

▼ Jean Lefebvre, Louis de Funès et Michel Galabru dans Le Gendarme de Saint-Tropez (1964) de Jean Girault. © Rue des Archives/CSFF

sente d'ailleurs de troublantes analogies cinématographiques avec les tics de l'agent Lemmy Caution. Le succès planétaire de *Bons Baisers de Russie* (1963) de Terence Young et de *Goldfinger* (1964) de Guy Hamilton suscite un enrôlement massif. Hubert Bonisseur de la Bath alias OSS 117 et Francis Coplan, l'agent FX 18, emboîtent le pas du côté de Cinetta. Gadgets aussi ingénieux que miniatures, courses de voitures de sport, essaim de pin-up, savants fous et organisations criminelles supranationales le disputent dans nos cœurs à notre amour des pistoleros échappés des plaines d'Almeria. En pleine « coexistence pacifique », entre la « crise des fusées » et la guerre du Vietnam, le film d'espionnage justifie « innocemment » l'Atlantisme du bloc occidental et cimente notre croyance d'un « camp de la liberté »...

« PETIT CANAILLOU... »

Une génération riche de talents – Jean Poiret, Michel Serrault, Roger Pierre, Jean-Marc Thibault, Jacqueline Maillan, Sophie Desmarets... et, à la première place dans le cœur du public, Louis de Funès. S'il a été longtemps cantonné aux seconds rôles, le succès de *Pouic-Pouic* (1963) et l'année suivante, du *Gendarme de Saint-Tropez* (1964) de Jean Girault, à quelques semaines de celui du *Corniaud* (1964) de Gérard Oury, l'installe – avec *La Grande Vadrouille* (1966) du même Oury – au sommet du box office. De Funès aujourd'hui, comme Fernandel avant-guerre, rime avec comique... comme le nom de Michel Audiard avec « esprit français ». Le scénariste-dialoguiste fétiche de Jean Gabin nous offre avec le réalisateur Georges Lautner une parodie de film policier – *Les Tontons flingueurs* (1963) – et une de film d'espionnage – *Les Barbouzes* (1965) –, parodies devenues « cultes » s'il en est.

▲ Louis de Funès et Bourvil dans Le Corniaud (1964) de Gérard Oury. © Rue des Archives/CSFF

◀◀ Sean Connery dans le rôle de James Bond agent secret 007. © Rue des Archives/BCA

◀◀ Lino Ventura, Bernard Blier et Francis Blanche dans Les Tontons flingueurs (1963) de Georges Lautner. © Rue des Archives/CSFF

Jean-Paul Belmondo et Ursula Andress dans Les Tribulations d'un Chinois en Chine *(1965) de Philippe de Broca.* © Rue des Archives/CSFF

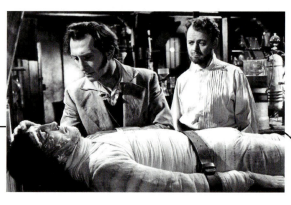

Peter Cushing et Robert Urquhart dans Frankenstein s'est échappé *(1957) de Terence Fisher, une production des studios Hammer.* © Rue des Archives/BCA

« L'AVENTURE, C'EST L'AVENTURE »

Aventure et bonne humeur, la combinaison marque le cinéma français « grand public » des années 60. *L'Homme de Rio* (1963) et *Les Tribulations d'un Chinois en Chine* (1965) de Philippe de Broca, taillés sur mesure pour Jean-Paul Belmondo, permettent au public d'adopter le jeune premier de la « nouvelle vague ». Ce mariage profite également à la nouvelle adaptation de la mythique série littéraire de Souvestre et Allain dédiée à Fantomas, le « génie du crime ». Fondée sur un casting irréprochable – Jean Marais dans le double rôle du journaliste Jérôme Fandor et de Fantomas lui-même (avec la voix de Raymond Pellegrin), Louis de Funès en inspecteur Juve et la belle Mylène Demongeot – *Fantomas* (1964), *Fantomas se déchaîne* (1965) et *Fantomas contre Scotland Yard* (1966) d'André Hunebelle forment à jamais un triptyque mémorable. À pareille époque, les superhéros des *fumetti neri* italiens – *Superargo contre Diabolikus* (1968) de Nick Nostro ou *Danger Diabolik* (1968) de Mario Bava... – s'animent pour un temps en Cinémascope, et réveillent les âmes d'enfants devenus grands grâce à leurs histoires simples et mouvementées...

▲ *Jean Marais et Louis de Funès dans* Fantomas contre Scotland Yard *(1968) d'André Hunebelle.* © Rue des Archives/CSFF

FRISSONS GARANTIS...

Cette âme d'enfant est mise à rude épreuve par les films d'horreur en provenance d'Angleterre, d'Italie, d'Espagne ou d'Allemagne. Le cinéma fantastique ouvre toutes grandes les portes du merveilleux. Terence Fisher et les productions britanniques de la Hammer plongent les spectateurs au cœur de *remakes* somptueusement colorés des classiques de l'âge d'or du cinéma fantastique hollywoodien, ces années 30 durant lesquelles Frankenstein, Dracula, la Momie et autre Loup-Garou avaient envahi les écrans. Devant la caméra de Fisher, les héros de Mary Shelley – *Frankenstein s'est échappé* (1957), *La Revanche de Frankenstein* (1958) –, de Bram Stoker – *Le Cauchemar de Dracula* (1958), *Les Maîtresses de Dracula* (1960) ou *Dracula, prince des ténèbres* (1965) –, de Robert Louis Stevenson – *Les Deux Visages du docteur Jekyll* (1960) –, ou de Gaston Leroux – *Le Fantôme de l'Opéra* (1962) –, s'incarnent sous les traits – de Christopher Lee, Peter Cushing, Herbert Lom ou Oliver Reed... – délicieusement inquiétants de la fine fleur des comédiens anglais de l'époque. D'Italie – *Le Masque du démon* (1960) de Mario Bava, *Danse macabre* (1964) ou *La Vierge de Nuremberg* (1964) d'Anthony Dawson (Antonio Margheriti)... –, nous savourons de sombres tableaux peuplés de beautés condamnées à errer, la nuit, en déshabillé, dans des couloirs sinistres, un chandelier à la main. D'Allemagne, nous proviennent enfin les « angoissantes » adaptations des romans d'Edgar Wallace au cours desquelles « le requin », « la grenouille » et autre « araignée blanche » attaquent Scotland Yard devant les caméras d'Harald Reinl ou d'Alfred Vohrer.

THAT'S ENTERTAINMENT

Dans le même temps, Hollywood subit de profondes mutations. La multiplication des téléfilms et autres séries supplée à la traditionnelle

▲ *Herbert Lom dans* Le Fantôme de l'opéra *(1962) de Terence Fisher.* © Rue des Archives/BCA

Christopher Lee dans le rôle de Dracula, le plus beau vampire de l'histoire du cinéma depuis Bela Lugosi. © Rue des Archives/CSFF

▲ *Trini Lopez dans* Les Douze Salopards *(1967) de Robert Aldrich.* © Rue des Archives/BCA

Faye Dunaway et Warren Beatty dans Bonnie and Clyde *(1967) d'Arthur Penn.* © Rue des Archives/BCA

Steve McQueen dans La Grande Évasion *(1962) de John Sturges.* © Rue des Archives/CSFF

James Dean et Natalie Wood dans La Fureur de vivre *(1955) de Nicholas Ray.* © Rue des Archives/BCA

Dennis Hopper, Peter Fonda et Jack Nicholson dans Easy Rider *(1969).* © Rue des Archives/BCA

production de séries B destinées à alimenter les programmes de première partie. Liés au domaine du « film de guerre » – *Les Canons de Navarone* (1961) de Jack Lee-Thompson, *La Grande Évasion* (1963) de John Sturges ou *Les Douze Salopards* (1967) de Robert Aldrich... –, du « film policier » – *Bonnie and Clyde* (1967) d'Arthur Penn ou *L'Affaire Thomas Crown* (1968) de Norman Jewison... – ou du « film musical », les superproductions américaines dominent largement l'exclusivité et les plus grandes salles des boulevards et centre-villes.

NOS ANNÉES POP

Le cinéma ne pouvait demeurer insensible à l'extraordinaire révolution musicale portée par la pop anglo-saxonne. Hollywood sut, au cours de la décennie précédente, tirer les dividendes des velléités contestataires des *teenagers* en multipliant les films « rock » à petit budget, après avoir analysé le phénoménal succès de *Graine de violence* (1955) et de sa B.O. signée Bill Haley (*Rock Around The Clock*), du triptyque interprété par James Dean – *À l'Est d'Eden* (1955) d'Elia Kazan, *La Fureur de vivre* (1955) de Nicholas Ray et *Géant* (1956) de George Stevens –, et des premiers films conçus autour d'Elvis – *Le Rock du bagne* (1957) et *Bagarre au King Creole* (1958) de Michael Curtiz.

Le cinéma américain, malgré le succès phénoménal mais isolé de *West Side Story* (1961) de Robert Wise, peine à rester synchrone en ce début de décennie. La perfide Albion donne la mesure. Richard Lester compose avec les Beatles un diptyque d'anthologie – *Quatre garçons dans le vent* (1964) et *Help !* (1965) – et George Dunning, avec *Yellow Submarine* (1968), crée un somptueux et délirant dessin animé où les quatre de Liverpool flirtent allègrement avec les délires lysergiques. ∎

James Darren, Stanley Baker, David Niven, Gregory Peck, Anthony Quinn et Anthony Quayle dans Les Canons de Navarone *(1961) de Jack Lee-Thompson.* © Rue des Archives/CSFF

George Chakiris dans West Side Story *(1961) de Robert Wise.* © Rue des Archives/CSFF

La radio

▶▶ *Le 7 septembre 1956, au Salon de la radio et de la télévision au parc des Expositions, cette démonstratrice présente un poste récepteur de radio miniature, le transitor. © Keystone*

▲ *La mythique émission Europe Jeunesse, le 5 mars 1957, jour de Mardi gras.*
© collection François Jouffa

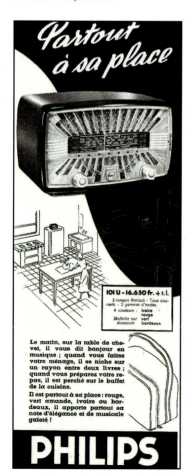

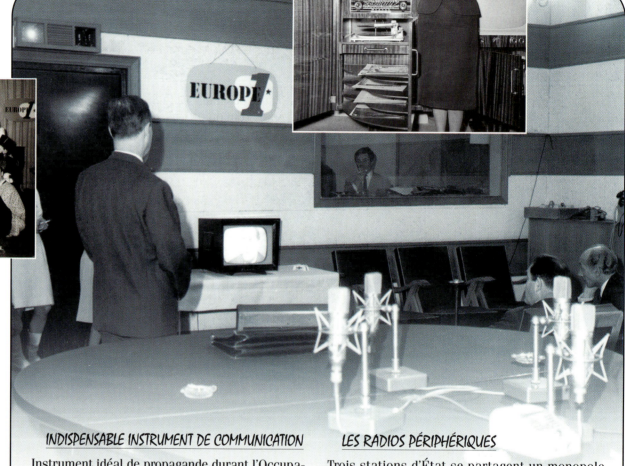

INDISPENSABLE INSTRUMENT DE COMMUNICATION

Instrument idéal de propagande durant l'Occupation, organe indispensable des réseaux de la Résistance, la radio s'est imposée pendant la guerre comme l'outil principal d'information – ou de désinformation, suivant les cas.

Dans les années 50, elle reste le média privilégié du pouvoir, un discours dans la presse écrite ne pouvant jamais atteindre la portée d'une intervention radiophonique. Les postes de télévision, au prix élevé, s'immiscent doucement dans les foyers français, la TSF, elle, continue à trôner au milieu du salon et semble partie intégrante du mobilier. La famille se réunit autour pour écouter un programme musical, une pièce de théâtre et surtout les informations.

LES RADIOS PÉRIPHÉRIQUES

Trois stations d'État se partagent un monopole en matière de radiodiffusion. Trois autres, privées, s'attaquent à ce monopole en émettant – illégalement – puis des zones frontalières : Radio Luxembourg, Radio Monte-Carlo et Radio Andorre. Ces stations, dites périphériques, attirent un auditoire à la recherche de distractions. Des programmes comme « Ploum ploum tralala » ou « La Famille Duraton » sont accueillis avec succès, tandis que shampoings et brillantines financent des émissions de « radio crochet », mais la direction de Radio Luxembourg (futur RTL) ne semble pas s'apercevoir de l'émergence d'un nouveau public, celui des adolescents. Les progrès techniques permettent aux transistors de se miniaturiser et la radio va peu à peu quitter le salon pour s'installer dans la chambre des jeunes.

▲ *La salle de conférence de la radio Europe n°1, le 23 novembre 1965. © Rue des Archives/AGIP*

▼ Une voix et un jeu inoubliable !

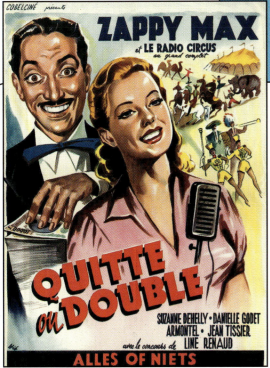

EUROPE N° 1, UNE RADIO « DANS LE VENT »

Un homme d'affaires visionnaire, Charles Michelson, crée en 1955 Europe n° 1. S'inspirant d'un concept américain, elle diffuse des émissions musicales animées par un *speaker* et ponctuées par des spots publicitaires. Les grands événements politiques et économiques sont, eux, commentés en direct et avec le moins de censure possible. Europe n° 1 entre dans l'histoire de la radio, forte du succès d'émissions musicales spécifiquement destinées aux adolescents. Frank Ténot et Daniel Filippachi créent « Pour ceux qui aiment le jazz », en 1956, et trois ans plus tard, l'incontournable « Salut les copains ». Le succès est immédiat. Les jeunes auditeurs peuvent désormais écouter leurs « idoles »...

LE MONOPOLE DE LA JEUNESSE

Au fil des ans, Europe n° 1 conserve l'adhésion des ados. Sur les conseils avisés d'Eddie Barclay, la direction enrôle Michel Pasternak, l'un des animateurs-vedettes de Radio Caroline, cette authentique « radio pirate » britannique installée à bord d'un bateau ancré en zone extraterritoriale. Une station que les jeunes, de plus en plus nombreux, écoutent l'oreille collée à leur petit transistor en ondes courtes. Pasternak alias Emperor Rosko devient en France le président Rosko au micro de « Mini-max Soir ». Qui a oublié son jingle : « le président Rosko, le président qu'il vous faut ! » ? Et qui a oublié les voix de Michel Cogoni ou de Hubert Wayaffe ?

À partir du mois de mars 1968, François Jouffa et Michel Brillié lancent « Campus », la jeunesse s'initie à la « contre-culture »... Après l'attentat visant à Berlin le leader du SDS, Rudi Dutschke, le 11 avril 1968, les animateurs convient quelques étudiants contestataires allemands présents à Paris. Signe des temps, leurs propos politiques suscitent l'interruption de l'émission en cours, et l'éviction de Jouffa, que remplace Michel Lancelot. Free jazz, pop music, ésotérisme et contestation se mêlent quotidiennement...

CONCURRENCE OBLIGE

France inter ne demeure pas immobile et, à partir du milieu des années 60, trois émissions disputent cette adhésion de la jeunesse : « Les 400 Coups » de Claude Chebel, « 17-19 sur 1829 » de Gérard Klein et, naturellement, le « Pop Club » de José Artur au cours duquel Pierre Lattès présente chaque soir une « séquence rock and folk » et une « séquence jazz ». Une initiation, en direct, à un continent musical et culturel dont nous voulions tout connaître... ■

▲ Pierre Lattès et Charles Delaunay au Pop Club de José Artur sur France Inter, en février 1967.
© Alain Dister

▲ Philippe Kœchlin et José Artur, en février 1967. © Alain Dister

▲ Gérard Klein, Valérie Lagrange et Salvador Dali, en avril 1967.
© Alain Dister

▲ François Jouffa et Michel Brillié au micro de Campus, la nouvelle émission pour les jeunes d'Europe n° 1, en avril 1968. © G. Gibdouny

Télévision
Les séries TV pour enfants dans les années 50

▲ La Piste aux étoiles, *Danny Boy face aux caméras de télé.*

▲ *Roger Moore dans* Ivanhoé.
© Rue des Archives/AGIP

"Dix mille postes en 1951, à peine plus d'un million en 1958, la télévision demeure un « luxe » sous la IVᵉ République, et il faut attendre la décennie suivante pour voir le petit écran envahir les salons et les salles à manger avec près de cinq millions de récepteurs en 1964 et plus de dix millions en 1969. Une unique chaîne en noir et blanc et quelques heures de programmes quotidiens suffisent à susciter l'émerveillement. Une poignée d'hommes de radio (Jean Nohain...) et une nouvelle génération d'animateurs (Pierre Tchernia, Pierre Sabbagh, Georges de Caunes...) et de réalisateurs (Stellio Lorenzi, Marcel Bluwal, Raoul Sangla, Claude Santelli, Jean-Christophe Averty...) expérimentent les ressources d'un média des plus prometteurs. La RTF (Radio et télévision française) ne pouvait que faire rêver... Une 2ᵉ chaîne monochrome voit le jour le 1ᵉʳ avril 1964, et la RTF se mue en ORTF (Office de la Radio et de la Télévision Française) le 27 juin suivant. Quant à la couleur, elle fait son apparition sur les écrans hexagonaux le 1ᵉʳ octobre 1967. Une innovation alors réservée aux ménages aisés, dont rêveront, des années durant, d'innombrables téléspectateurs."

POUR ENFANTS... EXCLUSIVEMENT

Les *Découvertes de Télévisius*, le premier feuilleton bimensuel diffusé le jeudi, ouvrent la voie à partir du mois d'octobre 1949 au champ des émissions enfantines, et à celui des séries et des feuilletons télé. *La Piste aux étoiles* (1954-1976), l'émission de cirque de Gilles Margaritis présentée par Roger Lanzac, aimante les petits comme les grands à l'écran. La grille des programmes fixe, peu à peu, l'emploi du temps des familles. En ces années, point encore de dessins animés ou de films d'animations. Les cartoons demeurent l'apanage du « grand écran » et les marionnettes, celui des castelets. Le dimanche en début de soirée et le jeudi après-midi, les enfants découvrent les premières séries et feuilletons, français et étrangers (anglais ou américains).

NOS PREMIÈRES SÉRIES

Inspiré du classique de G. Bruno, *Le Tour de France par deux enfants* de Claude Santelli, contemporain des *Histoires extraordinaires* et de *La Caméra explore le temps*, constitue la première télé-suite. André (Michel Tureau) et Julien (Olivier Richard), deux petits Canadiens à la recherche en France de leur oncle, traversent, en compagnie de leur chien Ursy, Avignon, Besançon, Bordeaux, Carcassonne, Lyon, Marseille ou Toulouse, et offrent ainsi un dépaysement inédit. Le spectacle arrive désormais à domicile et apporte, au fil des ans, des héros récurrents dignes de nos exploits cinématographiques fétiches.

Cadre de maintes superproductions hollywoodiennes, le Moyen Âge des Chevaliers de la Table ronde, revu et corrigé à partir des romans de Walter Scott, renaît à partir du mois d'avril 1959 autour du personnage d'*Ivanhoé* (Roger Moore). Le futur Simon Templar fait ses premières armes dans cette adaptation au budget modeste mais à la stimulante efficacité.

▶▶ *Steve McQueen dans* Au nom de la loi. © *Rue des Archives/CSFF*

COW-BOYS ET INDIENS

L'Ouest, celui des cow-boys et des Indiens, élargit lui aussi l'horizon de nos intérieurs. *Aigle noir* débarque le 15 septembre 1959. Les aventures de ce chef cheyenne (Keith Larsen), cousin du fameux chef Crazy Horse, et de sa femme Perle de Rosée (Kim Winona), nous démontrent que la télévision peut devenir une annexe crédible de notre salle de quartier.

Rintintin, le chien le plus célèbre du monde, lui emboîte le pas au début de l'année suivante. Une génération entière s'identifie à son maître, le jeune caporal Rusty (Lee Aaker), en rêvant de la protection paternaliste du lieutenant Rip Masters (James L. Brown), comme elle se délecte de la diffusion concomitante des *Aventures de Kit Carson* (1960). Les exploits de ce ranger légendaire, ici interprété par Bill Williams, et de son comparse El Toro (Don Diamond), constituent le pendant animé idéal – mais en noir et blanc – des splendides chevauchées de Jerry Spring de Jijé.

CAP SUR L'AVENTURE

Dépaysement assuré également avec le *Capitaine Adam Troy*. D'abord programmé en « bouche-trou » en février 1961, découpé ensuite en trois épisodes avant d'être diffusé normalement, *Aventures dans les îles* fait du beau Gardner McKay, une authentique vedette. Une fois encore, des centaines de milliers de petites « têtes blondes » s'échinent à recréer les courses du Tiki, son schooner de quinze mètres, dans la baignoire ou sur le linoléum de la chambre. ■

▲ *Bill Williams et Don Diamond dans* Kit Carson. © *Rue des Archives/Everett Collection*

◀◀ *Roy Rogers, le cow-boy chantant, héros de la série éponyme* Les Aventures de Roy Rogers *diffusée en France à partir de 1961.* © *Rue des Archives/BCA*

Télévision
Les séries TV pour ados dans les années 60

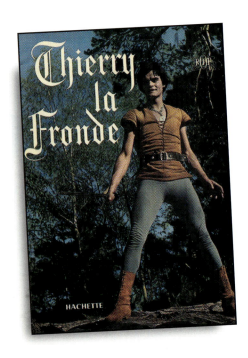

▼ *Juliette Gréco dans* Belphégor *(1965).*
© Rue des Archives/Tal

« À mesure que l'on voit apparaître de nouveaux compagnons destinés à nos cadets, de Joe petit boum boum à Nounours, nous autres, grands enfants ou jeunes adolescents, nous délectons d'un regard souvent discret et faussement distrait des virevoltantes péripéties de notre Ivanhoé à nous, le chevalier Thierry de Janville dit Thierry la Fronde (Jean-Claude Drouot) et de ses compagnons Bertrand (Jean Bras), Jehan (Robert Rollis)... et la belle Isabelle (Céline Léger). »

AVENTURES D'OUTRE-MANCHE

Comme les copines et les copains, nous tentons de profiter des séries que regardent nos parents. Intrigues et suspense sont au rendez-vous avec *Les Aventures du colonel March* (1961), des enquêtes menées par le chef du service des investigations de Scotland Yard campé par Boris Karloff, le Frankenstein dont nous parlaient nos paternels, des trémolos dans la voix. À pareille époque, l'Angleterre nous dépêche son agent John Drake (Patrick McGoohan). *Destination Danger* met en scène les missions d'un « espion » des services de l'OTAN puis de ceux de sa Très Gracieuse Majesté, dans des épisodes d'une rare qualité. Scénario, réalisation, interprétation... tout concourt à la réussite de cette série, matrice non seulement du genre mais modèle frappant des aventures, cinématographiques cette fois, de l'agent James Bond 007.
L'équipe de *Destination Danger* adapte et modernise le célèbre *Homme invisible* du romancier britannique H.G. Wells. Tim Turner y tient le rôle du jeune scientifique Peter Brady, devenu invisible à la suite d'un accident de laboratoire, une identité « invisible » elle aussi en ces temps... Extraordinaire gimmick commercial, la production dissimula le nom du comédien éternellement couvert de bandelettes des années durant...

FEUILLETONS POPULAIRES

Du côté de la RTF, les scénaristes puisent dans les trésors issus de l'imagination des feuilletonistes du XIXe ou du début du XXe siècle. *Rocambole* (1964) ressuscite ainsi le héros de Ponson du Terrail sous les traits de Pierre Vernier, au profit de la 2e chaîne naissante.

« Il y a un fantôme dans le Louvre. » À partir du roman d'Arthur Bernède, un autre phénomène télévisuel se concocte... il se nomme *Belphégor* (1965). Le scénariste Jacques Armand a proposé au réalisateur Claude Barma de « dépoussiérer » le récit de Bernède. Le script offre à des comédiens, nouveaux (Yves Rénier et Christine Delaroche) ou confirmés (François Chaumette et Juliette Gréco), et à de merveilleux seconds rôles (Paul Crauchet, Sylvie...), un feuilleton exceptionnel. « Mais qui est donc Belphégor ? » La France entière se pose la question, le suspense captive le public et *Belphégor* entre en temps réel dans la mémoire collective.
Dans une veine parente, les scénaristes exhu-

▲ *Rocambole (Pierre Vernier), Sir Williams (Jean Topart), M. de Beaupréau (René Clermont) et... Thierry la Fronde (Jean-Claude Drouot) !* © D.R.

▶▶ *Patrick McGoohan dans* Le Prisonnier.
© Rue des Archives/CSFF

ment Rouletabille des romans de Gaston Leroux. Diffusé à l'automne 1965, *Le Mystère de la chambre jaune* de Jean Kerchbron, avec Claude Brasseur dans le rôle du détective, donne des idées au comédien Philippe Ogouz. Devant la caméra d'Yves Boisset, il enchaîne trois enquêtes à son tour pour la plus grande joie du public, ravi de retrouver sur le petit écran ce classique de la littérature populaire. Comme il se délecte des aventures de *Vidocq*, cet ancien bagnard devenu chef de la sûreté en 1811. Une première série, consacrée aux péripéties de ce malfrat évadé, emporte en 1967 l'adhésion des téléspectateurs. Le comédien Bernard Noël prête ses traits à ce personnage historique passé dans la mythologie grâce à ses mémoires et à la prose d'Eugène Sue.

DE LA CASE À L'ÉCRAN

Les romans de gare et la bande dessinée offrent également bien des ressources aux scénaristes. Adapté de la série d'Henri Vernes, *Bob Morane* (1965) cible les plus jeunes. Le commandant Morane (Claude Titre) et son complice Bill Ballantine (Billy Kearns), vedettes incontestées des lectures de garçons, ont pris vie le temps de vingt-six épisodes. Nos rêves deviennent réalité chaque semaine. Illusion, réalité… Des épisodes tournés en Provence, en Camargue, en Ardèche, au Maroc… Quel dépaysement ! Notre goût de l'exotisme et des rebondissements s'assouvit aussi à pareille époque avec *Les Globe-Trotters* (1966). *Les Mille et Un Reportages de Pierre* (Yves Rénier) *et Paul* (Edward Meeks), deux intrépides journalistes dignes de Tintin, convainquent jusqu'aux États-Unis où la série – une première – se voit diffusée. *Les Aventures de Michel Vaillant* (1967), avec Henri Grandsire, adapte le personnage de Jean Gratton et *Les Chevaliers du ciel* (1967), ceux de Jean-Michel Charlier et Victor Hubinon, Michel Tanguy (Jacques Santi) et Ernest Laverdure (Christian Marin). La production française est florissante et ne craint pas la concurrence des séries britanniques de la firme ITC. *Échec et mat* (1965), *Le Baron* (1967), *L'Homme à la valise* (1970)… Des heures et des heures d'intrigues et de pur bonheur. Écrit avec Georges Markstein, *Le Prisonnier* (1968) nous apparaît comme un ovni télévisuel, plus proche des articles de Jacques Bergier dans la revue *Planète* que des aventures de Coplan ou de OSS 117. L'affrontement de cet ancien agent des services secrets anglais – John Drake ! – avec les numéros 1 et 2 d'un mystérieux village nous a durablement intrigués et aussitôt convaincus des ambitions artistiques et intellectuelles d'une série télé pour le moins devenue culte.

COMME À LA MAISON…

Certains d'entre nous, désireux enfin de profiter de feuilletons plus ancrés dans le quotidien, s'enthousiasmèrent pour les aventures des étudiants du *Temps des copains* (1961) de Robert Guez, des lycéens épris de théâtre des *Comédiens (Les Jeunes Années)* (1965) de Joseph Drimal, de l'infirmière *Janique Aimée* (1963) de Jean-Pierre Dessagnat ou des petits rats de l'Opéra de Paris de *L'Âge heureux* (1966) de Philippe Agostini. Des héros à la familiarité si rassurante… ∎

▲ *Simon Templar (Roger Moore) alias* Le Saint *(1964-1969) dans ses 118 aventures, dont 71 en noir et blanc, a littéralement accompagné notre jeunesse.*
© Rue des Archives/CSFF

▲ *La jeune actrice Delphine Desyeux, en avril 1966.* © Rue des Archives/AGIP

Table

Introduction	**p. 5**
Le salon de l'auto	**p. 6-9**
Le salon des arts ménagers	**p. 10-11**
1950 : La chambre d'un enfant	**p. 12-13**
1960 : La chambre d'un adolescent	**p. 14-15**
Le salon d'une famille dans les années 50	**p. 16-17**
1950 : La classe d'un enfant	**p. 18-19**
1960 : La classe d'un adolescent	**p. 20-21**
Confiseries et boissons	**p. 22-23**
Le Noël d'une fille dans les années 50	**p. 24-25**
Le Noël d'un garçon dans les années 50	**p. 26-27**
1950 : Les jeux de société, d'extérieur et de plage	**p. 28-29**
Les Loisirs des adolescents dans les années 60	**p. 30-31**
La grande aventure de l'espace : La conquête de la lune	**p. 32-33**
Les Jeux olympiques d'hiver	**p. 34-35**
Les Jeux olympiques d'été	**p. 36-37**
Le football	**p. 38-39**
Auto et vélo	**p. 40-41**
Les sports de combat	**p. 42-43**
Le tennis	**p. 44-45**
Organisations de jeunesse : Les scouts	**p. 46-47**

Le militantisme des adolescents	**p. 48-49**
La révolte en images	**p. 50-51**
Les symboles de la révolution sexuelle	**p. 52-53**
Les images clés de l'actualité	**p. 54-55**
La mode des enfants dans les années 50	**p. 56-57**
La mode des adolescents dans les années 60	**p. 58-61**
Le Beatnik / Les Dandys pop	**p. 62-63**
La chanson enfantine dans les années 50	**p. 64-65**
La musique pour adolescents dans les années 60	**p. 66-73**
La BD pour enfants dans les années 50	**p. 74-77**
Récits complets et ciné-romans	**p. 78-79**
Petits formats et BD pour adolescents dans les années 60	**p. 80-83**
La presse musicale pour adolescents dans les années 60	**p. 84-85**
Les livres pour enfants dans les années 50	**p. 86-87**
Les livres pour adolescents dans les années 60	**p. 88-91**
Les albums de BD dans les années 50	**p. 92-95**
Le cinéma et les enfants dans les années 50	**p. 96-99**
Le cinéma et les adolescents dans les années 60	**p. 100-103**
La radio	**p. 104-105**
Les séries télé pour enfants dans les années 50	**p. 106-107**
Les séries télé pour adolescents dans les années 60	**p. 108-109**

SOURCES DES ILLUSTRATIONS

P. 7 : Publicité Pax 1960 in *Tintin*, n°597, 31 mars 1960 / Moteur à injection Peugeot in *Tintin*, n° 676, octobre 1961 / p. 8 : Concours Simca in *Tintin*, n°676, *op. cit.* / Personnage Dinky Toys in *Tintin*, n°597, *op. cit.* / p. 9 : Alexandre Gérard in *Les Bonnes idées d'Aggie*, Jeunesse joyeuse, s.d. / Publicité Peugeot in *Tintin*, n°608, 16 juin 1960 / Moto Norton in *Motocycles d'autrefois*, n°2, 1979 / Publicité Vélosolex in *Tintin*, n°699, 15 mars 1962 / Peugeot BB in *Tintin*, n°692, 25 janvier 1962 / p. 10 : Publicité Tornado in *Elle*, n°301, 3 septembre 1951 / Machine à laver Sirem in *Elle*, n° 326, 25 février 1952 / Illustration extraite de *Elle*, n°326, *op. cit.* / Alexandre Gérard, *Lili représentante*, Jeunesse joyeuse, s.d. / p. 11 : Publicité Frigidaire / Publicité Unipro pour Frimatic in *Tintin*, n°599, 14 avril 1960 / Publicité Far in *Elle*, n°307, 15 octobre 1951 / *Elle*, n°326, *op. cit.* / p. 12 : Photo de Racroul in Laurence Buffet-Challié, *Chambre d'enfants et de jeunes*, Massin, 1962 / p. 13 : Publicité Bonux in *Tintin*, n°682, novembre 1961 / p. 14 : Photo de Racroul, *op. cit.* / Carte postale Yvon – *Les Poupées de Peynet (L'étudiante)*, n°3, 1962 / p. 15 : *Tintin*, n°685, décembre 1961 / p. 16 : Publicité Ameublement et confort in *L'Express*, n°695, 12-18 octobre 1964 / Guéridon Balancelle in *Elle*, n°307, 15 octobre 1951 / Dessin de Dino Attanasio, *Tintin*, n°700, 22 mars 1962 / p. 17 : Illustration extraite de *Elle*, n°326, *op. cit.* / Publicité Philips / Illustration extraite de *La Vie parisienne*, n°131, novembre 1961 / p. 18 : Illustration extraite de *Tintin*, n°598, 7 avril 1960 / Publicité Adhésine in *Tintin*, n°679, 26 octobre 1961 / Publicité Poulain in *Tintin*, n°681, 9 novembre 1961 / Publicité Distripat in *Nano et Nanette*, n°219, 2ᵉ trimestre 1961 / p. 19 : Publicité Tonimalt in *Elle*, n°326, *op. cit.* / Michel Sicard, *Les Mouchards*, Alsatia, s.d. / *France illustration*, n°316, 8 novembre 1951 / *Histoire de France et d'Algérie*, Hachette, 1953 / Dessin de François Craenhals in *Tintin*, n°692, 25 janvier 1962 / p. 20 : Publicité Waterman in *Tintin*, n°677, 12 octobre 1961 / Publicité Bic junior in *Mlle Age Tendre*, n°19, 19 mai 1966 / p. 21 : Publicité Assimil in *Tintin*, n°683, novembre 1961 / Publicité Clairefontaine in *Tintin*, n°479, 26 décembre 1957 / Dessin de Cabu, « Le Grand Duduche », *Pilote*, n°639, s.d. / p. 22 : Publicité Fleury-Michon in *L'Écho de la mode*, n°40, 6 octobre 1963 / Publicité Astra in *Elle*, n°325, 18 février 1952 / Publicité Poulain in *Tintin*, n°475, 28 novembre 1957 / Publicité Cémoi in *Nano et Nanette*, n°220, 2ᵉ trimestre 1961 / p. 23 : Publicité pour la banane in *Nano et Nanette*, n°218, 2ᵉ trimestre 1961 / Publicité Tintin orange in *Tintin*, n°699, 15 mars 1962 / Publicité Chewing-gum Tarzan et Welcome in *Tintin*, n°678, 19 octobre 1961 / Publicité Pschitt in Alexandre Gérard, *L'Espiègle Lili au pays des lions*, Jeunesse joyeuse, s.d. / Publicité L'Alsacienne in *Nano et Nanette*, n°217, 2ᵉ trimestre 1961 / p. 24 : Dessin de Hergé – couverture de *Tintin*, n°479, 26 décembre 1957 / Illustration de Simone Baudoin in J.-L. Brisley, *L'Histoire d'une toute petite fille*, Hachette, 1955 / p. 26 : Publicité Meccano in *Tintin*, n°686, 6 décembre 1961 / Publicité Depreux in *Tintin*, n°690, janvier 1962 / p. 27 : Publicité Gégé in *Tintin*, n°685, décembre 1961 / Publicité Jouets Tintin in *Tintin*, n°684, novembre 1961 / Dessin de Marie-Madeleine Bourdin in *Titounet et Titounette*, n°44, Fleurus, 4ᵉ trimestre 1967 / p. 28 : Photo – D.R. / Publicité Mondial Camping in *Tintin*, n°476, 5 décembre 1957 / Publicité Speedy in *Tintin*, n°486, 13 février 1958 / Photo in *Tintin*, n°479, 26 décembre 1957 / p. 28-29 : Illustrations extraites de *Tintin*, n°612, 14 juillet 1960 / p. 29 : Publicité Peugeot in *Tintin*, n°607, 9 juin 1960 / Dessin de Bob de Moor in René Goscinny et Bob de Moor, « Monsieur Troc », *Tintin*, n°478, 19 décembre 1957 / p. 30 : Dessin de Philippe Daure in Georges Bayard, *César fait du karting*, Hachette, 1962 / Dessin extrait de *Tintin*, n°691, janvier 1962 / B. Justesen, *J'habille ma poupée*, Savoir faire, s.d. / p. 32 : Jules Verne, *De la terre à la lune*, Hachette, 1969 / Dessin extrait de *Tintin*, n°608, 16 juin 1960 / *Star Ciné Cosmos*, n°61, 25 janvier 1964 / Yves Laty, *Fanfou et les satellites*, 2ᵉ trimestre 1958 / Hergé, *Objectif Lune*, 1953 / p. 36 : *Miroir du sprint*, n°416, 31 mai 1954 / *L'Express*, n°695, octobre 1964 / p. 38 : Publicité Delacoste et Compagnie – Ballon Kopa in *Tintin*, n°685, décembre 1961 / *Miroir du Football*, juillet 1968 / *Tintin*, n°613, 21 juillet 1960 / p. 39 : Dessin extrait de *Tintin*, n°613, 21 juillet 1960 / p. 40 : Dessin de Jean Graton, « Le Circuit de la peur », *Tintin*, n°601, 28 avril 1960 / Photo Elf – Jaeckin pour Havas Conseil Synergie Pub / Publicité Dunlop in *Tintin*, n°676, octobre 1961 / p. 41 : Dessin extrait de *Tintin*, n°612, 14 juillet 1960 / p. 42 : Alexandre Gérard, *Lili à Saint-Germain-des-Prés*, Jeunesse joyeuse, 1961 / *Les Mystères du dojo* / *Total Journal*, date / p. 44 : Dessin de Raymond Reding in *Tintin*, n°587, 31 mars 1960 / Publicité La Hutte in *Tintin*, n°696, 22 février 1962 / Alexandre Gérard, *Lili monitrice*, Jeunesse joyeuse, s.d. / Lord Baden Powell, *La Route du succès*, Delachaux & Niestlé, s.d. / p. 47 : Illustration extraite de *Lisette*, n°5, 30 janvier 1955 / p. 48 : *Siné massacre*, n°9, avril 1963 / p. 49 : Affiche du PSU extraite de Gary Yanker, *Prop Art*, Planete, 1972 / p. 50-51 : Affiche extraite de Yanker, *op. cit.* / *Noir et Blanc* / *Les Tricheurs*, Vogue, 1959 / Affiche USA extraite de Yanker, *op. cit.* / *Planète plus*, n°21, avril-mai 1971 / Dessin de Robert Crumb in *Planète plus*, *op. cit.* / Gabriel Russier, *Lettres de prison*, Seuil, 1970 / *L'Abbé Pierre vous parle*, Éditions du Centurion, 1955 / *Salut les copains*, n°68, mars 1967 / p. 52 : *Paris Hollywood*, n°207, 1961 / *La Vie parisienne*, n°131, novembre 1961 / *Lui*, n°107, 19 février 1972 / p. 53 : *Et mourir de plaisir...*, Fontana, 1960 / *Bravo*, n°8, s.d. / Dessin de Guy Pellaert in Bartier et Pellaert, *Les Aventures de Jodelle*, Losfeld, 1966 / p. 54 : *Crimes et châtiments*, n°4 & 6, s.d. / *Radar*, n°104, 4 février 1951 / Cecil Saint-Laurent, *Les Passagers pour Alger*, Presses de la cité, 1960 / p. 56 : Publicité vêtements Tintin in *Tintin*, n°606, 2 juin 1960 / Publicité Chaussures Au Coq in *Tintin*, n°475, novembre 1957 / Publicité vêtements Tintin in *Tintin*, n°612, 14 juillet 1960 / Publicité La Belle Jardinière in *Tintin*, n°702, 5 avril 1962 / p. 57 : Illustration extraite de *Je m'habille*, n°115, mars 1951 / Vêtements Babar in *Elle*, n°217, 23 janvier 1950 / Publicité Gamy in *Elle*, n°307, 15 octobre 1951 / p. 58 : Publicité Prisunic in *Salut les copains*, n°57, *op. cit.* / Publicité Big Chief in *Tintin*, n°699, 15 mars 1962 / Publicité Levi's in *Salut les copains*, n°57, *op. cit.* / *Bonne soirée*, n°2405, 17 mars 1968 / p. 59 : Publicité de Siné pour Assimil in *Salut les copains*, n°7, février 1963 / p. 60 : Publicité Sym in *Mlle Age Tendre*, *op. cit.* / Photo extraite de *Mlle Age Tendre*, *op. cit.* / Publicité pour vêtements Sheila – Vernon in *Salut les copains*, n°57, *op. cit.* / p. 62 : Publicité Myris in *Salut les copains*, n°57, *op. cit.* / Photo d'Alain Cerf pour Rica Lewis in *Salut les copains*, n°57, *op. cit.* / p. 63 : Publicité Prisunic in *Mlle Age Tendre*, n°19, *op. cit.* / Photo in *Salut les copains*, n°57, *op. cit.* / Publicité André in *Salut les copains*, n°56, mars 1967 / p. 64 : Bach et Laverne, CBS / Rondes et chansons de France, Philips / Tino Chante Noël, Columbia / Isabelle raconte..., RCA / p. 65 : Photo extraite du Guide agricole Philips, Ed. Brunétoil, 1959 / Marie-José Neuville, *Une guitare, une vie*, Pathé Marconi / Walt Disney, *Davy Crockett*, Le Petit Ménestrel / *Surcouf*, Festival / *Rintintin*, Pathé Marconi / Photo de J.-P. Peersman in *Les Poupées de Peynet*, Aveline, 1994 / p. 66 : Los Machumcambos, Decca / Bob Azzam avec Miny Gérard, Festival / Marino Marini, vol. 8, Vogue / Gilbert Bécaud, Pathé Marconi / Moustache et le rock'n'roll, Vega / Bill Halley, *Graines de violence*, CID / « Grand Concours Teppaz » in *Tintin*, n°602, 5 mai 1960 / Johnny Hallyday, *Les Mauvais Garçons*, Philips / p. 67 : Les Chaussettes noires, *Oh Mary Lou*, Barclay / Les Vautours, *Je peins ton visage*, Festival / Les Chats Sauvages, *Je veux ce que tu veux*, Pathé Marconi / Photo de Canu-Scoop in *Actuel*, n°84, octobre 1986 / p. 68 : Publicité Tournidol in *Salut les copains*, n°57, *op. cit.* / Publicité Coca-Cola in *Salut les copains*, n°68, *op. cit.* / Sheila, *L'école est finie*, Philips / Claude François, *Mais quand le matin*, Philips / p. 69 : Jane Birkin, *Je t'aime moi non plus*, Fontana / Françoise Hardy, *Tous les garçons et les filles*, Vogue / Brigitte Bardot, *Une Histoire de plage*, Philips / Les Parisiennes et Claude Bolling, *L'argent ne fait pas le bonheur*, Philips / Frank Alamo, *Hum hum hum*, Barclay / Les Surfs à l'Olympia, Festival / p. 70 : Beatles, *Abbey Road*, Pathé Marconi / p. 71 : Janis Joplin, *Pearl*, CBS / p. 72 : Antoine, *Les Élucubrations d'Antoine*, Vogue / Jacques Dutronc, *Les Play-boys*, Vogue / Johnny Hallyday, *Cheveux longs et idées courtes*, Philips / p. 73 : Bob Dylan, *Rainy Day Women*, CBS / Polnareff, AZ / Zouzou, *J'avais rêvé*, Vogue / p. 74 : *Cœurs vaillants*, n°52, 23 décembre 1956 / *Vaillant*, n°930, 10 mars 1963 / Dessins extraits de *Vaillant*, n°930, *op. cit.* / p. 75 : Publicité pour Line in *Tintin*, n°477, 12 décembre 1957 / *Spirou* / Dessin d'Eugène Gire in *La Pension Radicelle*, Glénat, 1977 / Dessin de Victor Hubinon in Charlier et Hubinon, *Buck Danny contre Lady X*, Dupuis, 1971, *Le Journal de Mickey*, nouvelle série, n°1, 1960, *Les Belles Histoires*, n°52, 1ᵉʳ mai 1958. / p. 76 : *Total journal* / *Hurrah*, n°217, 14 décembre 1957 / *L'intrépide*, n°384, 7 mars 1957 / *Tintin*, n°213, 20 novembre 1952 / *Tintin*, n°689, janvier 1962 / Dessin de Dino Attanasio, *Tintin*, n°691, janvier 1962 / *Modeste et Pompon* / *Tintin*, n°701, 29 mars 1962 / p. 77 : Raymond Macherot, « Les enquêtes du Colonel Clifton », *Tintin*, n°597, 31 mars 1960 / Publicité pour Line in *Tintin*, n°477, 12 décembre 1957 / René Goscinny et Albert Uderzo, « Oumpah-Pah », *Tintin*, n°691, janvier 1962 / *La Semaine de Suzette*, n°3, 20 janvier 1949 / Alexandre Gérard, *L'Espiègle Lili au pays des lions*, *op. cit.* / *Lisette*, n°4, 23 janvier 1955 / *Le Journal de Nano et Nanette*, album n°14 (reliure 217-229), 1961 / Dessin de Sempé – *Pilote*, n°60, 15 décembre 1960 / H. Rasmusson, *Aggie gagne sa vie*, Jeunesse joyeuse, 1949 / Publicité pour Frimousse in *Music Hall*, n°62, mai 1960 / p. 78 : Dessin d'Eugène Gire in Fronval et Gire, *Les Pirates de Kien-Bay*, SAETL, 1949 / *Pipo*, n°111, 20 mars 1957 / *Garry*, n°118, mars 1958 / *Meteor*, n°50, mai 1957 / *Atome Kid*, n°23, 1958 / *Alerte à St-Domingue*, s.d. / p. 79 : *Cassidy*, n°126, 1957 / *Buck John*, n°83, 1ᵉʳ mars 1957 / *Kit Carson*, n°125, 5 juin 1963 / *Les Films du cœur*, n°122, 20 mars 1964 / *Le Film complet*, n°676, 3 juillet 1958 / *Star Ciné Cosmos*, n°74, 25 juillet 1964 / *Jungle Film*, n°9, 1ᵉʳ septembre 1962 / *Jungle Film*, n°11, 1ᵉʳ novembre 1963 / p.80 : *Diabolik*, n°2, 1966 / *Zakimort*, n°2, 1968 / *Satanik*, n°11, 1ᵉʳ février 1967 / *Auranella*, n°14, octobre 1967 / p. 80-81 : Dessin de Jean-Claude Forrest in *Barbarella*, Losfeld, 1968 / p. 81 : *Ravages*, n°3, 2ᵉ trimestre 1969 / *Tropique*, n°8, 1970 / *Hara-Kiri*, n°3, 1961 / p. 82 : *Hara-Kiri*, n°17, mai 1962 / *Hara-kiri*, n°42, août 1964 / Dessin de Fred, « Philémon – Le Naufragé du A », *Pilote*, n°445, 2 mai 1968 / p. 83 : Charles M. Schulz, « Peanuts », *Charlie*, n°6, juillet 1969 / Leo Capp, « Li'l Abner », *Charlie*, op. cit. / Dessin de Reiser – *Hara-kiri hebdo*, n°12, 21 avril 1969 / Dessin de Wolinski, – *Hara-kiri hebdo*, n°14, 5 mai 1969 / p. 85 : *Musica Disques*, n°121, avril 1964 / *Disco Revue*, n°20, octobre 1963 / *Music Hall*, *op. cit.* / *Salut les copains*, n°7, février 1963 / *Salut les copains*, n°56, mars 1967 / *Mlle Age tendre*, n°56, juillet 1969 / p. 85 : *Formidable*, n°15, décembre 1966 / *Rock & Folk*, n°0, été 1966 / *Rock & Folk*, n°32, septembre 1969 / *Best*, n°33, avril 1971 / p. 86 : Comtesse de Ségur, *Quel amour d'enfant*, René Touret, 1950 / Comtesse de Ségur, *Diloy le cheminau* / Comtesse de Ségur, *Jean-qui-grogne et Jean-qui-rit*, Hachette, 1951 / Comtesse de Ségur, *Les Bons Enfants*, Casterman, 1956 / Illustration de Pierre Le Guen in Comtesse de Ségur, *Les Malheurs de Sophie*, G.P., 1961 / J.-L. Brisley, *op. cit.* / Dessin de Pierre Probst in *Caroline aux sports d'hiver*, Hachette, 1959 / Pierre Brobst, *Caroline aux Indes*, Hachette, 1955 / Gilbert Delahaye et Marcel Marlier, *Martine à l'école*, Casterman, 1957 / p. 87 : Enid Blyton, *Le Télescope du Clan des sept*, Hachette, 1968 / « Le Livre du jeudi » in *Tintin*, n°609, 23 juin 1960 / Illustration de Simone Baudoin in Enid Blyton, *Le Club des cinq contre-attaque*, Hachette, 1955 / *Album Fée*, Père Castor – Flammarion, 1950 / K.-B. Jackson et G. Tenggren, *Pirates et marins*, Le Grand Livre d'or, 1955 / p. 88 : Illustration de Pierre Leguien in Lisbeth Werner, *Puck écolière*, Rouge et Or, 1957 / Olivier Séchan, *Allô, Luc ?... ici Martine*, Hachette, 1959 / Illustration de Jacques Fromont in Enid Blyton, *Le Mystère du pavillon rose*, Hachette, 1963 / Illustration de René Guillot in Philippe Daure, *Le Grand Marc et les aigles noirs*, Hachette, 1965 / Illustration de Jean Reschofsky in Anthony Buckeridge, *Bennett au collège*, Hachette, 1968 / Georges Bayard, *Michel au val d'enfer*, Hachette, 1971 / p. 89 : Joan Aiken, *Sylvia et Bonnie au pays des loups*, G.P., 1960 / Claude Campagne, *Adieu mes quinze ans*, G.P., 1960 / René Philippe, *Sylvie a peur*, Marabout, 1960 / Margery Sharp, *Cluny Brown*, Marabout, 1958 / Helen Wells, *Cherry Ames infirmière-chef*, Lecture et loisir, 1971 / Robert Gaillard, *Marie des Isles*, Fleuve noir, 1959 / *Contes et légendes du monde grec et barbare*, Nathan, 1962 / Lewis wallace, *Ben-Hur*, G.P., 1961 / Claude Veillot, *L'homme à la carabine*, Hachette, 1966. / p. 90 : James-Oliver Curwood, *Le Piège du Grand Nord*, Hachette, 1947 / James-Oliver Curwood, *Les Chasseurs de loups*, Hachette, 1948 / Illustration de Pierre Joubert pour le Prince Eric de Serge Dalens in Joubert, Ed. Littaye, 1983 / Edouard Peisson, *Le Voyage d'Edgar*, G.P., / Joseph Kessel, *Mermoz*, Hachette, 1960 / Leda Wadsworth, *Le Cap des pirates*, Hachette, 1952 / « Carte au trésor » in *Album des jeunes*, Hachette, 1957 / Captain W. E. Johns, *Biggles encore à l'ouvrage*, Presses de la cité, 1956 / Général Galland, *Jusqu'au bout sur nos Messerschmitt*, Marabout, 1956 / p. 91 : Dessins de William Vance / Henri Vernes, *La Vallée infernale*, Marabout, 1953 / Henri Vernes, *Un Parfum d'Ylang-Ylang*, Marabout, 1968 / Jean Bruce, *OSS 117 au Liban*, Presses de la cité, 1962 / Paul Kenny, *L'Étrange aventure de Coplan*, Fleuve noir, 1972 / San Antonio chez les macs, Fleuve noir, 1969 / Maurice Limat, *Fréquence « ZZ »*, Fleuve noir, 1965, Thomas Owen, *Cérémonial nocturne*, Marabout, 1966 / Marc Agapit, *La Ville hallucinante*, Fleuve noir, 1966 / p. 92 : Hergé, *La Vallée des Cobras*, Casterman, 1956 / Hergé, *Tintin au Tibet*, Casterman, 1960 / Franquin, *Z comme Zorglub*, Dupuis, 1961 / Raymond Macherot, *La Revanche d'Anthracite*, Lombard, 1964 / René Goscinny et Morris, *Lucky Luke contre Pat Poker*, Dupuis, 1953 / p. 93 : Jigé, *Golden Creek (Le secret de la mine abandonnée)*, Dupuis, 1955 / Jean-Michel Charlier et Jean Giraud, *Le Cheval de fer*, Dargaud, 1970 / Paul Cuvelier, *Les Extraordinaires aventures de Corentin*, Lombard, 1950 / Jacques Martin, *Iorix le grand*, Casterman, 1972 / Jean-Michel Charlier et Victor Hubinon, *L'île de l'homme mort*, Dargaud, 1967 / p. 94 : Forton et Vernes, *Le Secret des 7 temples*, Dargaud, 1968 / Tibet et Duchâteau, *Traquenard au Havre*, Lombard, 1963 / Maurice Tilleux, *Libellule s'évade*, Dupuis, 1964 / Dessin d'Edgar P. Jacobs « Blake et Mortimer » in *Tintin*, n°689, janvier 1962 / p. 95 : Jean-Michel Charlier et Albert Uderzo, *Danger dans le ciel*, Dargaud, 1963 / Guy Pellaert et Pascal Thomas, *Pravda la survireuse*, Losfeld, 1968 / Dessin de Nicolas Devil in Devil et Rollin, *Saga de Xam*, Losfeld, 1967 / p. 104 : Publicité Philips in *Elle*, n°326, 25 février 1952 / p. 105 : *L'Écho de la mode*, n°40, 6 octobre 1963 / p. 107 : *Rin Tin Tin*, n°23, 1962 / p. 108 : Jean-Claude Deret, *Thierry la fronde*, Hachette, 1964.